음악가의
연애

일러두기

- 이 책에 사용된 사진과 그림은 출처 및 저작권을 확인해 정상적인 절차를 밟아 사용했으며, 일부 누락된
  부분은 확인 과정을 거쳐 반영하겠습니다. 출처와 저작권자를 밝혀야 하는 사진은 가장 마지막 면에 정리
  돼 있습니다.
- 도서명과 앨범명은 《　》로, 곡명·영화명·공연명 등은 〈　〉로 묶어 구분했습니다.

세상을 바꾼 그들의 사랑_ 05

음악가의 연애

초판 1쇄 인쇄 _ 2016년 1월 4일
초판 1쇄 발행 _ 2016년 1월 11일

지은이 _ 서희태, 이채훈, 임진모, 최규성, 황덕호

펴낸곳 _ 바이북스
펴낸이 _ 윤옥초
기획·편집 _ 도은숙　　　교정·교열 _ 이현실
편집팀 _ 김태윤
책임디자인 _ 이민영
디자인팀 _ 이정은

ISBN _ 979-11-5877-003-7　04080
　　　 978-89-92467-94-0 (세트)

등록 _ 2005. 7. 12 | 제 313-2005-000148호

서울시 영등포구 선유로49길 23 아이에스비즈타워2차 1005호
편집 02)333-0812 | **마케팅** 02)333-9918 | **팩스** 02)333-9960
이메일 postmaster@bybooks.co.kr
홈페이지 www.bybooks.co.kr

책값은 뒤표지에 있습니다.

책으로 아름다운 세상을 만듭니다. ― 바이북스

세상을 바꾼 그들의 사랑

05

음악가의 연애

Musicians in Love

서희태, 이채훈, 임진모, 최규성, 황덕호

바이북스
ByBooks

이 책을 읽기 전에

사람의 인생에 큰 영향을 미치는 요소는 당대 역사, 타고난 재능과 외모, 성장 배경 등 아주 다양하다. 각각의 요소는 얽히고설켜 한 사람의 인생을 좌우한다. 그 가운데 연애 사건은 어떨까? 물론 연애란 앞에서 열거한 항목의 하위 항목인지도 모른다. 그러나 때로 하위 항목이 상위 항목을 떠올리지도 못하게 할 만큼 큰 소리를 내기도 하는데, 연애 사건이 바로 그러한 예가 아닐까. 특정 대상을 그리워하고 사랑했던 경험을 배제한 채 그 사람이 어떤 인생을 살았는지 전부 말했다 할 수 있을지 의문이다.

시리즈 〈세상을 바꾼 그들의 사랑〉은 이런 생각에서 출발했다. 굳이 각 권 제목마다 '사랑'이라는 아름다운 말보다 '연애'라는 통속적 느낌의 단어를 앞세운 이유는, 사랑이라는 말이 추상적인 느낌을 준다면 연애라는 말은 구체적 행위성을 좀 더 잘 나타낸다고 생각했기 때문이다. 남과 여, 남과 남, 여와 여가 만나 서로 그리워하고 귀하게 여기고 때로 집착하기도 하는 것은 단순히 감정에 그치지 않고 대단히 실제적 행위로 연결된다.

그렇다면 인문, 사회, 과학, 예술 등의 분야에서 탁월한 업적을 남긴 사람에게 연애는 어떨까? 범인의 연애와 마찬가지 아닐까? 그들도 세상에 널리 알려지기 전에는 보통 사람이었으며, 사랑은 동서고금·남녀노소를 가리지 않고 집요하게 파고드는 불가항력의 감정이기 때문이다. 물론 특별히 이들의 연애사에 관심을 기울이게 된 데는 비범한 사람의 연애라면 보통 사람의 연애와는 다른 '한 끗'이 있으리라는 기대를 품었기 때문이다. 예상은 적중했다.

소설가 보부아르는 철학자 사르트르가 작업 멘트로 날린 "자유, 글쓰는 삶, 제도 밖의 사랑"에 경도되어 그와 함께 평생 이 세 가지를 격정적으로 실천했다. 철학자 니체는 정신분석학자 살로메에게 실연당한 뒤 불후의 걸작 《차라투스트라는 이렇게 말했다》를 써냈다. 뿐인가. 예수회 사제였던 카를 라너는 소설가 루이제 린저를 만나 이미 급진적이었던 자신의 사상을 더욱 발전시켜나갔고, 독일 작곡가이자 지휘자인 브람스는 스승 슈만의 아내 클라라를 평생 사랑해 자신이 만든 곡을 헌정하기도 했다. 또한 과학자 아인슈타인은 스위스 취리히 공과대학 동급생이자 부인인 밀레바 마리치의 공헌으로 자신을 세기의 과학자 반열에 올린 세 가지 발견(상대성 이론, 광전 효과, 브라운 운동)을 이루어냈고, 악마의 현신이라 불려도 과하지 않을 히틀러조차 죽음 직전에 한 일이 에바 브라운과의 결혼식 거행이었다.

이에 〈세상을 바꾼 그들의 사랑〉은 인류의 지성사·정치사·예술사를 이끌었던 이들이 남긴 자취의 공과를 '연애'라는 아주 사적이고 내밀한 사건을 중심으로 들여다볼 것이다. 또한 동서고금 인간에게 지대한 힘을 발휘하는 연애란 무엇인지 생각해보는 계기도 제공한다.

다만, 100명이 연애하면 100가지 연애 이야기가 나온다는 누군가의 말처럼 이 연애 사건을 한 사람의 시선으로 풀어내는 것은 독자의 시야를 좁히는 결과를 낳으리라는 우려가 있었다. 분야별로 권을 나누어 이야기를 전개하되, 한 분야를 6인 이상의 저자가 각기 다른 인물을 선택해 풀어나갈 것이다. 또한 인류의 역사가 오랫동안 남성 중심으로 전개돼온 탓에 각 분야의 권위자는 대개 남성이라는 한계가 있는데, 이러한 가운데에서도 빛을 발했던 여성의 이야기도 최대한 담아낼 것이다.

〈세상을 바꾼 그들의 사랑〉이 들려주는 연애 이야기, 그 이야기를 중심으로 전개되는 각 분야의 지식을 접하며 어렵게만 여겼던 철학, 종교, 정치, 과학 등에 한 발짝 다가가게 된다면 좋겠다. 더불어 이 책을 통해 자신이 해왔거나, 하고 있거나, 앞으로 할 그리고 분명히 인생의 전환점인 사랑에 대해 자신만의 고유한 관점을 갖추게 된다면 더없이 좋겠다.

바이북스 편집부

차례

"레일라, 당신은 나의 무릎을 꿇게 했어요.
나 이렇게 빌어요, 연인이여 제발.
나의 이런 고통스러운 마음을 진정시켜주지 않을 건가요.
난 당신을 위로하려 한 거예요.
당신의 남자가 당신의 기대를 저버렸기에
그런데 바보같이 난 당신과 사랑에 빠져버렸어요.
그게 내 세계를 완전히 뒤헝클어놓았죠."

내가 널 가질
수 없다면

Musicians In Love

에릭 클랩턴 & 페티 보이드 임진모

글쓴이 **임진모**

대중음악 평론가, 팝 칼럼니스트. 어린 시절 '방 안의 혁명가'로서 출고 외롭고 괴로울 때마다 라디오에 귀를 기울이며 존 레넌, 핑크 플로이드, 신중현, 이장희의 노래를 응원가 삼아 청춘을 보냈다. '이성을 잃게 만드는 음악의 힘'에 이끌려 음악 평론을 인생의 목표로 정했다. 고려대학교 사회학과를 졸업하고 《경향신문》에 기자로 입사했다. 이후 기자를 그만둔 것도 좀 더 자유롭게 음악을 듣고 음악에 대해 글을 쓰기 위해서였다. 1990년대 초반 전문 음악 평론의 길을 열었고, 신문·잡지·방송을 넘나들며 활동하면서 올해로 20여 년째 평론가의 길을 걷고 있다. MBC 표준FM의 《임진모의 뮤직 스페셜》을 진행했으며 현재는 〈배철수의 음악캠프〉의 '스쿨 오브 락', 〈지금은 라디오 시대〉의 '오일팝송' 코너에 고정 출연하고 있다. 2006년에는 MBC 연기대상 라디오 부문 공로상을 받았다. 하지만 방송용이 아닌 '글쓰기'에 의한 고전적 평론을 중심축으로 생각하기에 십수 년째 음악 웹진 이즘(www.izm.co.kr)을 운영하고 있다. 옮긴 책으로 《존 레논》이 있으며, 《가수를 말하다》《시대를 빛낸 정상의 앨범》《록 그 폭발하는 젊음의 미학》《세계를 흔든 대중음악의 명반》《우리대중음악의 큰별들》《팝, 경제를 노래하다》 등을 썼다.

음악은 사랑을 먹고 산다

예술 전체가 그렇겠지만 음악은 사랑을 먹고 산다. 사랑에 의해 살고 사랑의 언어로 타인과 관계를 맺는 것이 우리 삶의 본질이라면 인생을 고스란히 담아내는 음악의 주성분 그리고 자양분은 아무리 정의하려고 애써도 의미가 흐릿한 바로 사랑이다. 음악은 결국 인간의 사랑과 그 쓰디쓴 짝인 이별이 없으면 존재하지 못할 것이다. 사랑과 이별은 음악과 동의어다. 클래식이든 대중음악이든 우리의 가슴속에 저장돼 있는 명작은 상당수가 사랑과 이별이 불을 지피고 주조해낸 것이다.

가수가 녹음할 때 가끔 이런 일이 있다. 작업을 담당한 프로듀서와 엔지니어가 듣기에 정확한 음정을 구사하고 좋은 소리를 내고 있어도 가수의 노래가 전혀 느낌이나 맛이 없게 들린다. 그러면 프로듀서는 즉각 이런 주문을 한다. "지금 아니면 전에라도 연애하던 사람을 떠올리면서 노래해보라!" 그런 감정이 노래 속에 용해되지 않으면 그 노래는 건조

하고 앙상해서 들을 수가 없기 때문이다.

만약 녹음실에 들어간 가수가 마침 사랑의 성취에 들떠 있거나 혹은 실연의 고통에 허우적거리고 있다면 그의 기분과 무관하게 그가 토해 낸 음은 단지 노래가 아니라 살아 꿈틀거리는 생물, 이른바 예술로 빚어져 나올 것이다. 특히 우리의 감정은 사랑의 득보다는 실, 즉 이별과 실연을 유독 가까이하기에 대중음악은 사랑의 빛보다는 보답받지 못한 사랑, 일방적 짝사랑, 일그러진 연정과 같은 사랑의 그림자를 각별히 우대한다. 즉 사랑의 고통이 대중음악의 '생계'를 책임진다.

만인이 사랑하는 비틀스의 〈예스터데이〉부터가 떠나간 연인에 대한 회한이며 베이비 붐 세대의 청춘 찬가로 높이 평가받는 밥 딜런의 〈구르는 돌처럼Like a Rolling Stone〉은 언뜻 동 세대 사람들에 대한 행동 강령으로 들리지만 실은 한 여성에 대한 분노의 토로라는 것이 정설이다. 과연 존 레넌의 〈이매진〉은 자본주의에 대한 회의를 평화의 송가로 고양한 곡이라는 규정에 그칠 뿐일까. 존 레넌과 오노 요코를 맺어준 '기쁘고도 괴로운' 사랑이 없었다면 〈이매진〉도 없다. 존 레넌은 '사랑과 평화'를 모토로 살았다.

〈레일라〉, 난 이 곡이 자랑스럽다

20세기를 이끈 대중음악인 록의 걸작 가운데 〈레일라Layla〉를 아는가. 흔히 사람들이 대중음악의 위인과 그 관련 이야기를 꺼낼 때 너도나도 가

'기타의 신'으로 추앙받는 에릭 클랩턴. 1974년 바르셀로나에서의 공연하는 모습.

장 흥미로운 배경을 가진 노래 중 첫손으로 꼽는 그 노래 말이다. '기타의 신'으로 추앙받는 에릭 클랩턴Eric Patrick Clapton, 1945~이 스물다섯의 나이인 1970년에 쓴 이 7분짜리 대서사 곡에 당대 록 팬은 열광했고 45년이 지난 지금도 그 명작의 위엄은 조금도 흔들림이 없다. 평단은 예나 지금이나 레드 제플린의 〈천국으로 가는 계단Stairway to Heaven〉과 더불어 '1970년대 최고 존엄의 록 클래식'으로 평가한다. 록 전문지 《롤링스톤》은 '역사상 가장 위대한 500곡'을 선정하면서 〈레일라〉를 당당 27위에 올려놓았다.

록 분야에서 이 곡이 특급 수작으로 고평되는 이유는 먼저 예술적으로 높은 완성도를 자랑하기 때문이다. '신'이라는 닉네임이 말해주듯 기타 연주에서 타의 추종을 불허하는 에릭 클랩턴은 여기서 나중 그 어떤 곡에서도 반복하지 않는, 불을 토해내는 듯한 강렬하고 강력한 블루스

록 역사를 빛낸 명반 《레일라와 그 외 여럿 사랑 노래들》을 발표한 '데릭 앤드 더 도미노스'. 맨 왼쪽이 에릭 클랩턴이며, 앨범 발표 후 그는 데릭이 자신임을 곧 밝혔다.

기타 연주를 들려준다. 그것으로도 이미 충분한데 역시 전설의 반열에 올라 있는 슬라이드 기타의 명인 듀앤 올먼Duane Allman과 호흡을 맞춰 일궈낸, 도저히 흉내 낼 수 없는 기타 앙상블의 경지에 록 연주자와 기타 연주 지망생은 물론이고 대중도 넋을 잃었다. 《롤링스톤》은 이를 두고 "두 사람의 블루스 기타 배틀 음반"이라고 묘사하고 있다.

곡의 진행도 진부한 '3분짜리 팝송' 스타일과는 다르다. 전반부는 블루스 기타의 향연이지만 후반부는 피아노가 주도하는 전혀 다른 사운드로 종결하는, 클래식 구분으로 하자면 2악장 형식을 취하고 있다. 그래서 러닝 타임이 길고 바로 이러한 형식미로 인해서도 서사Epic라는 찬사를 받는 것이다. 이 곡은 에릭 클랩턴이 이끈 당시의 밴드 '데릭 앤드 더 도미노스Derek And The Dominos'의 이름으로 발표한 앨범 《레일라와 그 외 여럿 사랑 노래들Layla And Other Assorted Love Songs》에 수록돼 있다.

밴드 이름의 데릭은 에릭 클랩턴 자신이다(에릭 클랩턴은 이름이 아닌 실력으로 인정받기 위해 자신의 이름을 감추고 다른 이름을 썼지만 언론의 등 쌀에 못 이겨 곧바로 기자회견을 통해 데릭이 에릭임을 밝힌다). 〈레일라〉라 는 곡도 곡이지만 앨범 전체도 록 역사를 빛낸 명반으로 손꼽힌다. 모 든 게 음악이고 모든 게 록 음악이던 1970년대에 록에 잠깐이라도 시선 을 댄 사람들은 일제히 이 LP 소장에 열을 올렸다. 앨범 전체에 퍼진 드 높은 기타의 미학은 입에서 입으로 전해져 앨범은 수없이 재발매됐고 20년이 지난 1990년에는 리믹스 세션 앨범이 나오기도 했다.

앨범 타이틀에 〈레일라〉를 전면에 내건 것은 에릭 클랩턴이 그만큼 이 곡이 앨범 전체를 대표하며 질적으로도 수록곡 중 군계일학이라고 판단했음을 나타낸다. 실제로 이 곡은 에릭 클랩턴 음악 역사에 방점을 찍으면서 그의 시그니처 송(대표 곡)으로 숭앙되기에 이른다. 간혹 대중 에게 신화로 새겨진 작품에 아티스트 자신은 만족스럽지 않다는 소감을 피력하는 경우가 있지만 〈레일라〉는 에릭 자신도 흡족해하는 곡이다.

난 이 곡이 자랑스럽다. 들을수록 좋다. 내가 한 것 같지가 않다는 생각이 든다. 마치 내가 좋아하는 어떤 누군가가 연주한 작품처럼 들린다!

〈레일라〉가 음악적으로 발군이라서 역사의 세례를 받은 것은 아니다. 긴 곡이라 해서 서사로 받들어질 리 없고 음악의 구성과 전개가 완벽함 에도 명작 대열에 끼지 못하는 곡은 부지기수다. 〈레일라〉가 명작으로,

〈레일라〉가 수록된 데릭 앤드 더 도미노스의 앨범
《레일라와 그 외 여럿 사랑 노래들》(1970년, ATCO)
앞면.

전설의 자리로 올라서는 특혜를 받는 데에는 음악 예술성 말고 또 다른
정황이 개입한다. 조금은 복잡하고, 더러 관능적이고 너무나 이상하고
각별한 정황. 그것은 다름 아닌 '이야기'다. 그것도 듣는 사람에게는 몹
시도 흥미로운 사랑의 고통이라는 사연을 바탕으로 구축한 실제 이야
기. 그 실제담은 이상하게도 은밀하거나 은폐되지 않았기에 단숨에 대
중의 이야깃거리로 증식됐다.

유명 평론가 데이브 마시의 찬사에도 단서가 들어 있다.

록 음반의 무수한 곡 가운데 한 가수나 작곡자가 너무나 깊이 자신에게
빠져들어 그 곡을 듣는 기분이 마치 살인 혹은 자살을 목격하는 것 같은
순간은 많지 않다. 나에 관한 한 〈레일라〉는 그러한 곡 가운데 가장 위대
한 곡이다!

자신에게 빠져들었다는 것은 몰입했다는 뜻이라기보다는, 막연한 상상이 아니라 엄연한 실화임을 시사한다. 그런데 그 느낌이 살인? 자살이라니? 도대체 어떤 정황이기에 이런 강도 높은 어휘를 동원한 것일까.

에릭 클랩턴과 조지 해리슨의 우정

이야기는 에릭 클랩턴이 다분히 실험적인 록 밴드 '크림'의 멤버로 활동할 때인 1967년으로 거슬러 올라간다. 평생의 음악이 될 블루스에 목을 맨 에릭 클랩턴은 처음 몸을 담은 그룹 '야드버즈'가 상업적 히트곡을 내는 쪽으로 방향을 잡자 블루스에 헌신한다는 명분으로 그룹을 박차고 나왔고 이후 '존 메이올 & 더 블루스브레이커스'를 거쳐, 조지 해리슨 George Harrison, 1943~2001과 우정을 다질 무렵에는 좀 더 개성적이고 제대로 된 블루스 록을 하기 위해 그룹 크림을 결성한 터였다.

1945년 영국 리플리에서 사생아로 태어나 그 때문에 우울한 어린 시절을 보낸 에릭 클랩턴은 로버트 존슨과 머디 워터스 등 미국 흑인 노예의 슬픈 소리인 블루스와 라디오에 심취했고, 이후 블루스 기타 연주에 혼을 불사르게 된다. 블루스 음악은 그에게 영원한 치유제이자 위기 때마다 자신을 곧추세우게 하는 구원의 손길로 작용한다. 청년기에 그는 일생을 블루스에 매진하고, 그 음악과 연주에 수절하기로 결심한다. 또래 도시 아이들에 비해 불우하고 외로운 그의 성장 환경은 블루스 음악과 기막히게 맞아떨어졌고 부지런히 연마한 기타 연주력은 마침내 음악

록 배드 크림 시절의 에릭 클랩턴(맨 오른쪽).

제도권의 인정을 얻기에 이른다.

유명해질 수 있었던 야드버즈에서 나와버리는 바람에 대중에 이름을 알리기 어려웠을 때 영국 런던 이슬링턴 지하철 역사에 "클랩턴은 신이다!Clapton is god!"라는 그래피티가 붙어 있었다. 이 일은 런던 전역으로 퍼져 나갔다. 2008년에 펴낸 자서전에서 그는 이에 대한 부담도 컸지만 한편으로 실력을 인정받았다는 점을 긍정적으로 받아들였다고 밝히고 있다.

그의 기타 연주는 자극적이지 않아 튀는 법이 없다. 대신 많은 기타리스트는 에릭 클랩턴의 기타가 자신의 삶과 용해돼 지극히 인간적인 톤을 만들어낸다는 찬사를 보낸다. 사실 노래도 그렇지만 기술보다 중요한 것은 소리의 색조, 즉 톤이다. 에릭 클랩턴의 기타 연주는 정확한 양손 타이밍과 오른손 피킹에 의해 상당히 끈적거리면서 정확한 울림을 끌어내는데, 그 느낌은 평범하지만 듣는 사람의 공감과 감탄을 자아낸다. 연주할 때 조금 늦게 밀려나오는 백 그루브 감도 일품이다. 왜 신이라고 하겠는가. 마찬가지로 보컬은 뛰어나지 않지만 범인凡人의 소리이기에(노골적으로 말하면 노래는 못한다!) 친근감을 주며 기타와 보컬이 주고받는 앙상블 또한 탁월하다.

이러한 재능과 천부적이라 할 연주력은 당대 최고 아티스트 비틀스의 귀에도 들어간다. 비틀스 네 멤버 중 그를 주목한 인물은 당연히 기타를 담당한 조지 해리슨이었다. 이때 조지 해리슨은 막강한 리더 격 존재인 존 레넌과 폴 매카트니 사이에서 자신의 독자적 입지를 확보하려 노력하고 있었고, 에릭 클랩턴의 기타 솜씨는 그에게 새로운 돌파구를 제공한다. 서로의 집에 들러 함께 기타를 치며 친분을 쌓아가면서 조지 해리슨은 에릭 클랩턴에게 비틀스 음반에 기타를 연주해달라는 부탁을 하기도 한다.

비틀스의 1968년 명반 화이트 앨범에 수록된 조지 해리슨의 걸작 〈내 기타가 부드럽게 우는 동안While My Guitar Gently Weeps〉이 그 산물이었다. 에릭 클랩턴이 이 곡에 연주를 보탰고 조지 해리슨도 에릭 클랩턴의 그룹 크림을 위해 함께 〈배지Badge〉라는 곡을 공동 작곡할 만큼 두 사람의 컬래버레이션 빈도는 차츰 높아졌다. 일을 같이하면 우정도 배가된다. 그런데 이게 화근이었다. 자주 만나고 서로 집에 방문하다 보니 에릭 클랩턴이 조지 해리슨의 아내와 만나게 됐고, 그러다 그만 남의 아내를 '넘보게' 된 것이다.

조지 해리슨은 모델이자 사진작가인 한 살 연하 패티 보이드Pattie Boyd,

1944~와 1966년 결혼했다. 패티는 누가 봐도 아름다운 눈과 금발에 더해 분명한 얼굴선을 지닌 데다 모래시계 같은 볼륨감 넘치는 몸매를 자랑하는, 그야말로 만인이 선망하는 미인이었다. 비틀스의 영화 〈고된 날의 밤A Hard Day's Night〉 촬영 때 패티를 만난 조지 해리슨은 그녀와 결혼하기 전에는 〈난 네가 필요해I Need You〉를, 결혼한 뒤에는 비틀스의 명곡으로 꼽히는 〈섬싱Something〉을 썼다.

〈섬싱〉이 어떤 곡인가. 프랭크 시나트라가 '지난 50년간 최고의 러브송'이라고 찬양하며 비틀스 노래 가운데 유일하게 레퍼토리로 채택한 노래 아닌가(비록 존 레넌과 폴 매카트니가 쓴 곡으로 오해하긴 했지만). 폴 매카트니는 2015년 5월 내한 공연에서 우쿨렐레로 〈섬싱〉을 연주하며 "이렇게 훌륭한 곡을 쓴 조지에게 감사하다!"라고 했다. 요즘 남녀가 서로 호감을 쌓을 때 쓰는 '썸'이라는 말은 어쩌면 조지 해리슨의 〈섬싱〉에서 시작된 게 아닐까. 1970년대 서울 종로2가에 소재한 가장 유명한 청춘의 핫한 음악 카페 이름도 '섬싱'이었다.

> 그녀의 몸짓 하나하나는
> 어떤 연인도 하지 못할 만큼 나를 매혹시키죠.
> (……)
> 그녀는 하나하나를 다 알고 있는 듯해요.
> 내가 할 수 있는 전부는 그녀를 생각하는 것뿐이에요.
> 그녀는 하나하나를 내게 보여주죠.

1987년 웸블리 아레나에서 열린 콘서트에서 에릭 클랩턴(오른쪽)과 조지 해리슨(왼쪽)이 보여준 컬래버레이션. 두 사람은 서로의 집에 들러 기타를 치며 친분을 쌓아갔는데 이를 계기로 에릭이 조지의 아내 패티 보이드를 열렬히 짝사랑하게 된다.

난 그녀 곁을 떠날 수 없어요.

그대도 내 심정 알 거예요.

Something in the way she moves

Attracts me like no other lover.

(……)

Something in the way she knows

And all I have to do is think of her.

Something in the things she shows me.

I don't wanna leave her now.

You know I believe, and how.

이런 곡을 썼던 조지 해리슨은 점차 세월이 흐르면서 패티와 가정이 아닌 종교에 심취해갔다. 기독교 중심의 서구 사회에 반발해 동양 종교를 따르는 것이 당대 베이비 붐 세대 청춘 정서의 기류였듯 조지 해리슨은 비틀스 멤버와 함께 인도 종교가 제공하는 명상에 몰두했고 인도까지 건너가 일관되게 그 영성에 헌신했다. 늘 삶의 진리를 찾으려 몸부림쳤고 마음의 평화를 갈구했던 정적인 성품의 그는 마약 대신 마하리시 마헤시 요기의 초월적 명상, 선禪, 요가, 수피, 헤어 크리슈나 그리고 라비 샹카의 시타르(14세기 무렵 페르시아의 악기 세타르가 인도에서 개량된 것) 연주를 통해 각성의 길을 밟았다. 자연히 가정은 등한시할 수밖에 없었다. 그 틈새를 에릭이 파고들었다.

패티를 가운데 놓은 삼각 사랑의 배틀

간혹 에릭 클랩턴이 패티에 대한 감정을 드러내면 조지는 "그래, 그럼 네가 데려가. 패티는 네 여자야!"라고 무심하게 받아치곤 했다. 하긴 당시는 히피즘의 영향으로 스와핑이 실제로 행해졌을 정도로 자유연애 흐름이 만연했고 '원하는 것은 뭐든지 얻을 수 있는' 그런 시절이었다. 그럴수록 에릭은 애간장이 타들어가 패티를 향한 짝사랑의 늪에 속절없이 빠져들어갔다. 왜 하필 유부녀를! 그것도 당대의 영웅인 조지 해리슨의 여자를! 하지만 대중음악 주변의 호사가들은 소설로도 쓸 수 없는, 참으로 군침이 도는, 기묘하고도 별난 사랑의 삼각관계 이야기를 획득하는 복을 누린다. 나중 포스트 펑크의 댄스 록 밴드인 '뉴 오더'의 곡목 〈기

1967년, 결혼하기 전의 조지 해리슨과 패티 보이드.

괴한 러브 트라이앵글<Bizarre Love Triangle> 그대로였다.

조지 해리슨은 말할 필요 없는 원톱의 존재 비틀스의 일원이었고 음악적 능력, 인품, 지명도와 대중적 인기 등 에릭이 부러워하는 것을 모두 가진 남자였다. 패티는 그의 짝이었으니 감히 넘을 수 없는 벽이었으며 사실 엮일 가능성도 희박했다. 에릭 클랩턴은 그러나 오르지 못할 나무는 쳐다보지도 말라는 속담을 위배했다. 패티에게 접근하기 위해 한때 그녀의 동생 폴라를 만나기도 했지만 소득은 없었다.

하지만 패티는 에릭 클랩턴의 '용도'를 알아냈다. 그에게 추파를 던지면 조지 해리슨의 질투를 살 테고, 그렇게 되면 조지가 다시 가정과 자신의 품으로 돌아오리라는 시나리오를 짰다. 조지와 패티는 이미 부부애에 금이 갔지만 패티는 가정이라는 큰 틀을 깨고 싶지 않았다. 파국보다는 현상 유지를 원했고 에릭 클랩턴은 그 목적을 이루는 수단으로 매우 적절한 대상이었다. 그 전술에 에릭이 걸려들었다. 자신에게 관심이 있다는 패티의 말을 진심으로 믿었다. 원래 좋아하는 사람에게는 쉽게 속는 법.

패티는 자신이 조지와 결혼한 유부녀이므로 에릭의 제안은 받아들일 수 없지만 함께 이야기를 나누는 것은 허락했고 와인을 마시며 심지어 키스까지 해주는 호의를 베풀었다. 에릭은 패티와 조지의 결혼 생활이 행복하지 않다는 사실을 알고 희망을 다지지만, 그래서 패티의 집에서 돌아오는 길에 행복에 도취해 음주 운전 사고를 내기도 했지만, 안타깝게도 더 이상 진전을 꾀하지 못했다. 아니 할 수가 없었다.

패티의 마음은 여전히 조지에게 있었고 조지 해리슨도 패티에게 돌아오기를 반복했다. 솔직히 조지는 아내를 향한 에릭의 구애에 일말의 분노를 표출하기도 했다. 1969년 가을, 제작자 로버트 스티그우드가 사는 북부 런던 스탠모어 소재의 저택에서 파티가 열렸다. 술과 마약과 유흥을 마냥 좋아하는 에릭 클랩턴은 물론 조지 해리슨 부부도 초청을 받았다. 패티는 남편 조지에게 같이 가자고 했지만 남편은 파티행을 거절했다. 에릭은 절호의 기회로 여기고 적극 패티와의 거리를 좁혔다. 또 조지를 떠나 자신에게 오라고 압박을 가했다. 그런데 좀 더 늦은 저녁에 갑자기 조지가 나타났다. "패티는 어디 있지?" 패티가 에릭과 정원에 있는 것을 보고는 어이없다는 투로 다시 말했다. "무슨 일이야?"

에릭 클랩턴은 될 대로 되라는 심정으로 자백했다. "조지, 당신에게 할 말이 있어. 나는 네 부인을 사랑해!" 조지 해리슨은 황당했지만 "넘볼 걸 넘봐야지" 하며 대수롭지 않다는 식으로 넘겼다. 패티는 조지 해리슨의 전기 영화 〈조지 해리슨: 물질세계에서의 삶〉에서 일이 어떻게 전개됐는지를 전해준다. "나랑 에릭이 있는 것을 보고 조지는 물었습니다. '그와 함께 갈 거야? 아니면 나와 함께 돌아갈 거야?' 나는 대답했죠. '조지, 나는 집으로 돌아갈 거야!'."

상황 종료. 그럼에도 에릭은 '작업'을 중단하지 않았다. 술과 마약에 취하기라도 하면 패티에게 전화를 걸어 이제라도 말을 갈아타라고 간곡히 호소했다. 그러나 패티는 조지와의 삶이 행복하지 않더라도, 설령 앞으로 불행해지더라도 조지와 헤어질 생각이 없음을 강조하며 에릭의 요청을 단호히 거절했다. 에릭은 깊은 상처를 받았다. 일반인이라면 자포자기 심정으로 뭔 일을 저질렀을지 모른다.

하지만 에릭에게는 음악과 기타가 있었고 음악가 에릭은 곡 쓰기와 연주에 매진하기로 결심한다. 여기서 마치 미의 화신이 물속에서 수려하게 솟아오르듯 희대의 걸작 〈레일라〉가 탄생한다. 〈레일라〉만이 아니었다. 제목에서도 확연하게 드러나듯 《레일라와 그 외 여럿 사랑 노래들》 앨범 전체를 패티를 향해 기획하고 작업하고 제작했다. '다른 남자의 여자를 사랑하는 게 죄라면 난 계속 죄를 질 거야. 내 삶 최후의 날까지 그녀를 사랑할 거야'라는 내용의 〈아이 룩트 어웨이I Looked Away〉도 패티에게 바치는 노래였고 〈벨 보텀 블루스Bell Bottom Blues〉라는 곡도 언젠가 나팔 청바지를 사달라는 패티의 요구를 기억해 만든 곡이었다.

에릭은 처절했고 복수심에 활활 타올랐다. 만약 바르트리하리(5세기 후반 고대 인도의 철학자)의 말대로 "사랑은 욕망이라는 강에 사는 악어"라면 실패한 사랑은 폭력적 악어, 폭군으로 변할 것이다. 보답받지 못한 사랑으로 비련의 주인공이 된 에릭의 가엾고도 슬프지만 한편으로 살기등등한 아우성과 절규가 곡을 수놓는다. 데이브 마시가 살인 혹은 자살의 느낌을 받는다고 한 말은 결코 과언이 아니었다.

외로울 땐 어떻게 할 거죠.

아무도 당신 곁에서 기다리지 않는다면?

당신은 너무 오랫동안 도망치고 숨어왔어요.

그건 그저 당신의 어리석은 자존심일 뿐이죠.

레일라, 당신은 나의 무릎을 꿇게 했어요.

나 이렇게 빌어요. 연인이여 제발.

나의 이런 고통스러운 마음을 진정시켜주지 않을 건가요.

난 당신을 위로하려 한 거예요.

당신의 남자가 당신의 기대를 저버렸기에.

그런데 바보같이 난 당신과 사랑에 빠져버렸어요.

그게 내 세계를 완전히 뒤헝클어놓았죠.

우리 이 상황을 잘 헤쳐가도록 해봐요.

내가 미쳐버리기 전에요.

제발 우리에게 방법이 없을 거라고 말하지는 마요.

그리고 내 사랑은 헛된 것이라고 말해줘요.

What'll you do when you get lonely.

And nobody's waiting by your side?

You've been running and hiding much too long.

You know it's just your foolish pride.

Layla, you've got me on my knees.

Layla, I'm begging, darling please.

Layla, darling won't you ease my worried mind.

I tried to give you consolation.

When your old man had let you down.

Like a fool, I fell in love with you.

Turned my whole world upside down.

Let's make the best of the situation.

Before I finally go insane.

- Please don't say we'll never find a way.

And tell me all my love's in vain.

　에릭은 〈레일라〉에서 좌절과 자기 연민에다가 구절구절 애원과 집착의 언어를 사납게 그리고 흐느끼듯 토해내고 있다. 그래도 포기는 없다. 사실 에릭 클랩턴은 앨범 《레일라와 그 외 여럿 사랑 노래들》을 만들 때에도 마음속으로 이 앨범을 패티가 듣게 되면 감읍해 끝내는 자신의 사랑에 응답하리라는 희망을 품었다. 아니 철석같이 믿었다. 에릭은 패티에게 전화를 걸어 자신의 집에 와서 같이 앨범을 듣자고 졸랐다.

우여곡절 끝에 패티는 에릭과 함께 앨범을 감상하게 됐고, 노래의 주인공이 누군지 누구나 알게 될 거라는 두려움과 부담감을 느꼈다. "그가 나를 어떤 방향으로 밀고 가는 게 두려웠어요. 여전히 내가 (조지를) 떠나야 할지 확실하지 않았습니다." 에릭은 자서전에서 "앨범의 모든 곡을 자신을 위해 썼다는 말에 패티는 적잖이 감동한 눈치였지만 나의 소망은 전혀 먹혀들지 않았고 결과는 원점으로 돌아갔다"라고 밝히고 있다. 에릭은 마지막 방편으로 조지를 떠나지 않으면 헤로인을 하겠다고 협박하지만 그 서프라이즈식 읍소마저 통하지 않았다.

레일라와 마즈눈

비련의 상황은 그때 이미 신화로 회자됐지만 노래의 제목도 〈레일라〉 전설의 한 축을 이뤘다. 왜 '레일라'라는 이름을 썼으며 레일라는 과연 누구인가. 레일라는 11세기 페르시아의 신화에 등장하는 여자 이름으로 그녀는 젊은 마즈눈과 사랑에 빠진다. 정확한 신화의 명칭도 '레일라와 마즈눈Layla And Majnun'. 그러나 둘의 열렬한 사랑은 집안 반대로 결혼으로 맺어지지 못하고 파국으로 치닫는다.

이슬람 전문가인 극작가 이언 댈러스가 전해준 책에 매료된 에릭 클랩턴은 거기서 힌트와 영감을 얻어 레일라를 끌어다 쓸 생각을 한다. 사

니자미 간자비의 서사시 〈레일라와 마즈눈〉의 이
야기를 표현한 그림. 두 사람의 사랑이 집안 반대
로 이루어지지 못하고 파국으로 치닫는 이야기로
서, 클랩턴은 레일라라는 이름과 아름다운 사랑 이
야기에 끌렸다고 말했다.

실 레일라와 마즈눈 그리고 에릭과 패티의 관계에 등식은 성립될 수 없
다. 레일라와 마즈눈은 쌍방의 사랑이지만 후자는 일방적 짝사랑이었기
때문이다. 1974년 에릭은 《롤링스톤》에 실린 스티브 터너와의 인터뷰
에서 "내 관계와는 전혀 달랐다. 다만 레일라라는 이름과 아름다운 사랑
이야기가 끌려서 채택했을 뿐"이라고 말했다. 아마도 레일라라는 이름
을 쓰면서 원전처럼 언젠가는 '둘 사이의 사랑'으로 발전하리라는 기대
를 걸었던 것은 아닐까.

　패티를 쟁취하지 못한 '패자' 에릭에게 놓인 길은 헤로인 중독이었다.
감정적으로 파탄 상태였던 그에게 마약은 실연의 상흔을 덮기 위한 수단
이었다. 게다가 당시 마약은 로큰롤 신화의 한 기둥이기도 했다. 1970년
대는 '우리'가 강조된 1960년대와 달리 자기만족과 쾌락 그리고 이기
와 같은 자기 본위적 사고가 팽배했다. 엄청난 앨범 판매고와 공연 수입
으로 사회적 최상층에 군림한 로큰롤 스타라면 누구나 마약과 술에 취

해 살았다. 그래서 역사가들은 1970년대를 과잉 시대, 과도한 시대Era Of Excess로 규정한다. 에릭 클랩턴은 그 시대의 정점에 위치해 있다고 해도 틀림이 없는 인물이었다(때문에 그는 영국이 IMF를 맞은 1970년대 중반에 기성 문화를 질타하며 세대교체를 요구한 펑크punk 세대의 집중 포화를 받기에 이른다).

〈레일라〉 녹음 때 마약은 스튜디오와 뮤지션들을 얽어맸다. 〈레일라〉 세션에 들른 평론가 로버트 파머는 "도처에 마약이, 특히 헤로인이 널려 있었다. 내가 녹음실에 들어갔을 때 모든 사람이 마약에 취해 카펫에 뻗어 있었다"라고 기록한다. 이에 대한 에릭 클랩턴의 설명은 가관이다. "우리는 해변의 호텔에서 숙식하고 있었다. 원하는 마약은 모두 취할 수 있는 상황이었고 심지어 신문 가판대에서도 구입할 수 있었다. 여자애에게 주문하면 언제든 원하는 마약을 가져다주었다."

죽으라면 죽는다는 심정으로 마약 중독의 늪에서 허우적거리던 에릭 클랩턴은 음악도 제대로 하지 못했다. 주변에서 권하는 치료도 거부하다가 어쩌다 알코올과 마약 중독 치료 센터에 들어가서는 바뀌는가 싶으면 다시 폭음의 아비규환 상태로 돌아갔다. 그의 기타 실력을 익히 아는 동료, 그룹 '더 후'의 피트 톤젠드의 도움으로 3년간의 은둔 생활을 마치고 1973년 레인보우 콘서트로 가까스로 공연에 컴백했다. 하지만 약물은 좀처럼 끊지 못했다. 매주 거금 8,000파운드를 써가며 몰래몰래 헤로인을 구입했다고 한다.

1996년 인도에 가 있는 조지 해리슨. 그는 인도 종교가 제공하는 명상에 일관되게 몰두했고, 이는 패티 보이드와의 결혼 생활을 위기에 빠뜨린 원인 중 하나가 됐으며, 에릭 클랩턴은 그 틈을 집요하게 노렸다.

패티, 결국 에릭에게 향하다

1974년에 발표한 재기 앨범《오션 불러바드 461번지》의 녹음을 마친 에릭은 여전히 포기하지 않고 패티와의 관계 구축에 나선다. 빤한 제안 "조지를 떠나 내게로 오라!"는 것이었다. 그런데 이때는 사정이 전과는 완전히 달랐다. 이번에는 에릭이 바라던 대로 조지와 패티의 관계가 삐걱거리며 종말로 향했다. 실상 1973년에 둘의 관계는 거의 끝난 것과 다름없었으며 이듬해에는 별거에 들어갔다. 둘의 이혼은 1977년 6월에 법정에서 공식화됐다.

결정적 단초는 남편 조지 해리슨이 제공했다. 동료 링고 스타Ringo Star, 1940~의 아내 모린과 바람을 피운 게 발각됐다. 공연, 인도 사상, 표절 시비 공방, 음반사 설립 등의 분주한 비즈니스로 조지가 하루가 멀다 하고 집을 비우면서 패티는 외로움에 찌들어가던 터에 조지의 부정은 그녀를 공황 장애로 몰아갔다. 패티는 더 이상 인내할 수가 없었다.

1974년 《오션 불러바드 461번지》 프로모션 중인 에릭 클랩턴.

결국 버티고 버틴 끝에 조지와 끝내기로 결심했다. 패티가 훗날 털어놓길, 종교를 통해 자아와 삶의 진정성 탐구에 여념이 없던 조지 해리슨은 1973~1974년 즈음에 와서는 정체성 혼란을 겪었고 다시 일시적으로 술과 마약에 빠져 살았다고 한다.

곤궁에 빠진 여인에게 자신을 죽도록 사랑했던 남자가 뻗는 구원의 손길은 거부하기 어려운 법이다. 사실 수년 전 〈레일라〉를 들을 때도 패티는 표면적으로는 거절했지만 마음은 크게 술렁였다. 훗날 그녀는 고백했다. "솔직히 〈레일라〉는 내가 깨달음을 갖게 하는 데 도움이 됐어요. 나는 (에릭의) 엄청난 열정과 창의력에 감동을 받았습니다. 나는 더 이상 저항할 수 없었습니다."

이 정도면 남자 쪽에서 프러포즈만 하면 상황이 일사천리로 풀릴 수 있게 됐다는 뜻이다. 에릭은 패티가 마침내 화답한다는 소식을 전해 듣고 기뻐 날뛰었다. 《오션 불러바드 461번지》 순회공연에 패티가 합류하면서 에릭은 꿈에 그리던 레일라를 연인으로 품으면서 길고긴 비련에 종지부를 찍었다.

한 가지 궁금한 점은 조지 해리슨의 마음이다. 조지는 패티가 '연적' 에릭의 품에 안겼을 때 어떤 심정이었을까. 패티에 대한 친구 에릭의 사랑은 익히 알고 있었고 더러 불편한 감정을 드러내기도 했지만 갈등을 싫어하는 성격 덕분에 에릭 클랩턴과의 추악한 담판은 잘 피해왔다. 그래도 막상 패티가 에릭행을 택하자 '울고 싶고 죽고 싶을 만큼' 고통스러워했던 것으로 알려져 있다. 하긴 〈섬싱〉 등의 명곡을 쓰게 만들고 한때 행복과 환희를 제공한 오랜 사랑이 떠나갔는데 어찌 무덤덤할 수 있겠는가. 그뿐인가. 음악적 동지로서 견고한 우정을 쌓은 친구 사이에 금이 갈지도 모른다는 점에도 마음이 쓰라렸을 것이다.

조지 해리슨의 이러한 심정은 에릭 클랩턴이 그랬듯 음악에 반영된다. 패티와 이별한 바로 그해 1974년 겨울에 조지 해리슨이 발표한 앨범 《다크호스》에서 이를 포착할 수 있다. 이 음반에서는 〈딩동, 딩동〉을 비롯해 앨범명과 같은 제목의 〈다크호스〉가 히트했으며 국내 라디오에서도 호응을 얻었다. 당시 종교적 신념도 소강상태에 빠지고 다크호스 레코드 설립에 여념이 없었던 조지는 패티와 결별하면서 심정적으로 최악의 상태를 맞는다. 자기 연민, 피로감, 고독에 시달린 나머지 그는 뉴욕의 한 호텔에 외로이 머물면서 참담한 기분으로 《다크호스》 앨범에 수록된 〈너무 슬퍼So Sad〉를 작곡했다.

이제 겨울이 오네.

한때 내 사랑을 불 밝혀준 태양을 가리며

차가운 바람이 불고

고단한 누군가의 마음에는

부드러움도 사라져가네.

그는 너무 외롭다네.

자신의 사랑을 잃고

너무 슬퍼, 너무 아파, 너무 슬프고 마음 아프네.

Now the winter has come.

To eclipse out the sun

That has lighted my love for sometime.

And a cold wind now blows

Not much tenderness flows

From the heart of someone feeling so tired

And he feels so alone.

With no love of his own.

So sad, so bad, so sad, so bad.

에벌리 브라더스의 고전인 〈내 사랑 안녕Bye Bye Love〉의 리메이크 버전
은 더욱 직접적이고 황량하다. 여기서 조지는 원곡의 가사를 바꿔 패티
보이드와 에릭 클랩턴을 대놓고 언급하기도 한다. 여기서 '당신이 누군

지 아는 사람 you know who' 그리고 '올드 클랩퍼'는 발음이 시사하듯 에릭 클랩턴이다.

도입부에는 에릭과 함께 작곡한 〈배지〉의 베이스 라인 일부를 끌어오는 등 표면적으로는 에릭과의 사이는 변함이 없으며 새로이 탄생할 커플의 행복을 기원하고 있다고 보이지만 듣는 느낌은 결코 훈훈하거나 밝지가 않다. 도리어 씁쓸하고 우울한 뒷맛을 남긴다. 패티와 에릭 두 사람을 가사에 직접 언급하고, 그것도 그다지 달갑지 않은 뉘앙스로 묘사했다는 점에서 음악계 일각에서는 〈레일라〉에 대한 조지의 반격, 가시를 감춘 사실상의 〈레일라〉 답가로 간주하기도 한다.

> 안녕 사랑, 안녕 달콤한 포옹.
>
> 어서 와요, 고독.
>
> 난 죽을 것 같아요.
>
> 안녕 내 사랑이여.
>
> 내 여인이 떠나가요.
>
> '당신이 누군지 아는 그 사람'에게로.
>
> 그녀가 행복하기를 빌어요.
>
> 그리고 '올드 클랩퍼'도요.
>
> 우린 좋은 음악을 했는데
>
> 그녀가 사이에 끼었고
>
> 물론 나를 돌봐줬지만

난 두 사람을 다 내동댕이쳤지요.

Bye bye love, bye bye sweet caress.

Hello emptiness.

I know I'm gonna die.

Goodbye my love bye bye.

There goes our lady.

With a 'you know who'.

I hope she's happy.

And "'old' Clapper too."

We had good rhythm

Then she stepped in

Did me a favour

I threw them both out.

환희의 송가 〈원더풀 투나잇〉

조지 해리슨의 통한과 달리 에릭 클랩턴의 기분은 룰루랄라였다. 시간만 나면 주변인들과 어울려 스스로 '옆에 없으면 도저히 살 수 없는 것'이라던 술로 나날을 보내는 한량 생활을 계속했다. 술에 취해 무대에 오르기 다반사였고 제대로 연주할 수 없을 만큼 술에 절어 살았다. 에릭 클랩턴이 술 때문에 무대에 오르지 못했다는 기사가 났을 정도였다. 이

세기의 웨딩 송 〈원더풀 투나잇〉이 수록된 앨범 《슬
로핸드》(1977년, 올림픽 스튜디오)의 앞면. 〈원더풀 투
나잇〉은 마침내 사랑하는 패티를 얻은 에릭의 마음이
담긴 곡이지만, 사실 외출 준비가 늦어지는 패티를
짜증스러운 마음으로 기다리다 만들었다는 일화가
전해진다.

런 데다가 필생의 사랑 패티를 얻었으니 걸리적거릴 것이 없었다. 세상
부러울 게 없는 어쩌면 지구 상에서 가장 행복한 남자였다 해도 과언은
아니었다.

　이런 분위기 속에서 에릭 클랩턴 생애 또 하나의 빛나는 명곡 〈원더
풀 투나잇〉이 탄생한다. 전의 〈레일라〉와 그 뒤 〈천국에서의 눈물Tears in
Heaven〉 사이에 위치한 그의 대표작으로 1977년 공전의 히트를 기록한
앨범 《슬로핸드》에 수록돼 있다. 사실 〈원더풀 투나잇〉은 미국 빌보드
차트에서 16위, 영국 차트에서는 81위에 그쳐 발표했을 당시는 우리가
생각하는 것만큼 빅히트는 아니었지만 강한 흡인력을 지닌 도입부의 기
타 리프와 어쿠스틱한 느낌의 소박한 연주 그리고 분위기 있는 진행으
로, 시간이 흐르면서 대중음악의 명곡으로 승격됐다(1997년 에릭 클랩턴
의 첫 내한 공연을 찾은 한 관객은 "솔직히 〈원더풀 투나잇〉의 기타 리프를 듣
기 위해 티켓을 구매했다"라고 했다).

이 노래는 〈레일라〉와는 정서적으로 정반대 환경에서 나온 결과물로 유명하다. 보답받지 못한 사랑에 절절맨 고통의 노래 〈레일라〉와 달리 패티를 획득한 기쁨의 사운드 트랙, 즉 마침내 결실을 이룬 환희의 송가였다. 바로 이 사실이 〈원더풀 투나잇〉을 전설로 견인했는데, 이제는 신화가 된 두 곡이 모두 패티와의 관계에서 잉태됐다는 점은 주목할 만하다. 대중음악에서 이런 사례는 아주 드물다. 패티 입장에서는 일생의 영광이 아닐 수 없다.

1979년 3월 27일, 기다리고 기다린 끝에, 실은 우여곡절 끝에 에릭과 패티는 대망의 웨딩 팡파르를 울린다. 결혼식은 미국 애리조나 투손의 한 교회에서 열렸고 5월에는 영국에서 지인들을 초청한 축하 파티를 성대하게 벌였다. 여기에는 과거 야드버즈의 동료 제프 벡, 크림의 동료 진저 베이커와 잭 브루스, 롤링 스톤스의 믹 재거와 빌 와이먼 등 거물들이 대거 참석했다.

무엇보다도 그간 서먹서먹했던 연적 조지 해리슨이 동료애를 발휘해 모습을 드러냈다는 사실이 화제가 됐다. 우리의 문화 풍토라면 자신의 여자를 빼앗은 친구의 결혼식에 참석하기란 거의 불가능하다. 이 '보기 드문' 광경은 영미 등 서구보다도 한국과 일본 등 동양에서 '신기한' 스토리로 팬들의 입방아에 더 많이 오르내렸다.

늦은 저녁에
그녀는 어떤 옷을 입을지 고민하고 있어요.

화장을 하고 그녀의 긴 금발의 머리카락을 빗고 있지요.

그러곤 제게 물어요. "나 오늘 괜찮나요?"

그럼 난 말하지요. "그럼! 당신 오늘 밤 너무 멋져!"

우리는 파티에 가죠. 모든 사람이 우리를 돌아봐요.

나와 함께 걷고 있는 이 아름다운 여인을.

그녀는 내게 묻지요. "오늘 기분 좋아요?"

그럼 난 답하지요. "그럼! 오늘 밤 너무 좋아!"

난 너무 기분이 좋아요.

당신의 눈에서 사랑의 빛을 봐서죠.

그리고 무엇보다 경이로운 건

당신이 모를 정도로 내가 당신을 너무 사랑한다는 거죠.

It's late in the evening

she's wondering what clothes to wear.

She puts on her make-up and brushes her long blonde hair.

And then she asks me, "Do I look all right?"

And I say, "Yes, you look wonderful tonight."

We go to a party and everyone turns to see.

This beautiful lady that's walking around with me.

And then she asks me, "Do you feel all right?"

And I say, "Yes, I feel wonderful tonight."

I feel wonderful because I see

The love light in your eyes.

And the wonder of it all

Is that you just don't realize how much I love you.

사랑하는 패티를 품에 끌어안은 환희의 송가로 제법이다. "오늘 밤 너무 멋져!" 이 한 구절로도 그 기쁨을 확인할 수 있다. 그런데 이 노래가 만들어진 배경은 곡의 내용과는 다르다. 에릭 클랩턴은 여러 인터뷰와 자서전에서 그리고 제프리 줄리아노와 브렌다 줄리아노 등이 쓴 전기 《일러스트레이티드 에릭 클랩턴》에서 이 곡에 영감을 준 상황을 자세히 전하고 있다.

> 패티는 막 나와 외출하려고 준비 중이었죠. 이미 두 시간이나 늦었죠. 난 도대체 왜 내려오지 않는지 확인하러 위층에 올라갔어요. 그랬더니 패티는 여자 친구와 수다를 떨며 여전히 옷을 고르고 있는 거예요. 나는 말했어요. "그 옷 좋아. 원더풀이야." 난 다시 아래층으로 내려왔고 다시 기다리며 그동안에 기타를 잡고 그 곡을 쓰게 된 거예요. 순전히 시간 때우기로 10분 만에 곡을 썼어요. 솔직히 말하면 그때 조금 화가 난 상태였어요.

그의 말에 따르면 실제로는 기다림이 낳은 짜증에서 탄생한 곡이 커플 탄생의 축하 곡으로 둔갑한 것이다. 막연히 곡의 가사와 분위기에 끌려 실제 사정을 오해하는 곡은 역사적으로 얼마든지 있다. 〈원더풀 투나잇〉은 결혼 축하 파티가 열린 후 바로 그곳 투손을 시작으로 이어진 미국 순회공연의 첫 무대를 장식해 더욱 빛났다. 3개월간의 공연 첫 무대에서 에릭 클랩턴은 〈원더풀 투나잇〉을 연주할 때가 되면 신부 패티를 무대 위로 불러 그녀에게 이 노래를 바쳤다. 대중은 이후 너도나도 결혼식을 올릴 때 축하의 메시지로 이 곡을 선택했다. 이렇게 세기의 웨딩송이 만들어졌다.

그 밖의 세기의 대중음악 커플

에릭 클랩턴과 패티 보이드는 조지 해리슨과 얽힌 그 묘한 사랑의 삼각관계로 단연 돋보이는 신화적 커플이 됐다. 이들 말고도 대중음악 분야에서 풍성한 이야깃거리를 만든 전설의 커플은 많다. 존 레넌과 오노 요코, 시드 비셔스와 낸시 스펑겐, 커트 코베인과 코트니 러브, 에디트 피아프와 마르셀 세르당, 세르주 갱스부르와 제인 버킨 그리고 데이비드 보위와 앤지 등등.

　아마 가장 마르고 닳도록 자주 입방아에 오르내린 쌍은 **존**과 **요코**일 것이다. 1960년대 말 떠들썩했던 '베드 인' 이벤트, 과감한 누드 공개 등 언론에 화젯거리를 쏟아내며 '어글리 커플'로 조롱당했던 둘은 동서 문화 합슴의 계기를 마련했다는 평가를 받기도 했다. 존 레넌John Lennon, 1940~1980은 언젠가 오노 요코Ono Yoko, 1933~의 외모가 못났다는 언론의 지적에 이렇게 주장했다. "예쁜 여자라면 그런 애들은 얼마든지 구할 수

존 레넌과 오노 요코. 존 레넌은 요
코의 외모가 못났다는 언론의 지적
에 "내 눈에 요코는 아름답다"라고
응수했다.

있다. 나는 그런 여자에게 끌리지 않는다. 난 예술적 영감을 주는 여성
을 원했다. 요코가 그런 여자였다!" "내 눈에 요코는 아름답다"라고 했
을 정도니 천생연분! 요코는 남편이 1980년 피살된 후 지금까지 재혼하
지 않았다.

시드와 낸시는 반항하는 청춘의 소리인 펑크punk 록의 화신으로 록
역사에 기록된다. 펑크를 알린 밴드 섹스 피스톨스에서 베이스를 연주
한 못 말리는 악동 시드Sid Vicious, 1957~1979는 록의 신화에 빠져 애인 낸시
Nancy Spungen, 1958~1978와 갖가지 기행으로 기성 문화와 충돌을 일삼았다.
두 남녀는 처음 만난 날부터 마약을 복용하며 함께 밤을 지새웠다고 한
다. 하지만 낸시는 비수에 찔린 채 뉴욕의 어두운 호텔 방에서 숨졌고
체포된 시드는 살인죄 혐의를 받고 재판을 기다리다가 헤로인 과용으로
스물한 살 젊은 나이에 자살했다. 둘의 쇼킹한 전기는 1986년 앨릭스
콕스 감독의 〈시드 앤드 낸시〉라는 영화로 만들어졌다.

갖가지 기행으로 기성 문화와 충돌을 일삼았던 시드와 낸시.

커트 코베인과 코트니 러브는 1990년대 판 시드와 낸시라고 할 수 있다. 그들의 그런지 록grunge rock은 펑크 정신을 계승한 것이고 커트 코베인Kurt Cobain, 1967~1994도 스물일곱 살 청춘에 권총 자살했다는 점에서 비슷하다. 홀Hole이란 이름의 밴드를 거느린 아내 코트니 러브Courtney Love, 1964~는 남편이 죽기 전 상당한 불화와 갈등을 겪은 것으로 알려져 있다. 1998년에 개봉한 영화 〈커트 앤드 코트니〉에서 닉 브룸필드 감독은 커트 코베인이 자살한 것이 아니라 코트니 러브가 사주해 살인했다는 접근을 보여주어 논란을 일으키기도 했다. 시드와 낸시, 커트와 코트니는 반항적이고 비타협적인 커플이라는 점에서 록의 '보니와 클라이드'로 비유되곤 한다(보니와 클라이드는 1930년대 전반 미국 중서부에서 은행 강도와 살인을 반복한 커플로, 대공황 시대라는 특성 때문에 영웅시되기도 했다).

이러한 점에서는 프랑스의 기인 세르주 갱스부르Serge Gainsbourg, 1928~1991를 빼놓을 수 없다. 일련의 파격적인 음악으로 프랑스 음악 역사

1951년 파리 ABC 뮤직홀에 있는 프랑스의 국민 가수 에디트 피아프. 잇단 실연과 결혼의 실패로 고통을 겪었던 피아프는 열렬히 사랑했던 세르당마저 비행기 추락 사고로 잃는 비운을 겪은 뒤 〈사랑의 찬가〉를 완성했다.

의 획을 그은 그는 1969년 노골적 가사와 여성의 오르가즘 신음이 난무하는 곡 〈사랑해…… 더 이상 사랑하지 않아Je t'aime... moi non plus〉로 평지풍파를 불렀다. 섹스 행위의 생중계라는 평가를 받았으며 실제로 행위를 녹음했다는 소문도 돌았다. 이 곡에서 듀엣을 이룬 파트너가 바로 영국 여배우 제인 버킨Jane Birkin, 1946~이었다. 세르주는 원래 섹스 심벌 브리지트 바르도와 먼저 곡을 녹음했으나 공개 버전의 짝은 제인 버킨이었다.

프랑스의 목소리로 통하는 에디트 피아프와 마르셀 세르당의 러브 스토리는 전혀 종이 다르다. 에디트 피아프Édith Piaf, 1915~1963는 실연과 결혼에 실패하는 고통을 잇달아 겪었는데, 그중 가장 애달픈 사연은 프랑스 복싱 챔피언 마르셀 세르당과Marcel Cerdan, 1916~1949의 이야기다. 세르당이 뉴욕에 있는 피아프를 만나러 비행기를 타고 가다가 추락사하는 불행을 겪은 것이다. 1983년 클로드 를루슈 감독은 둘 사이의 러브 스토리를 영화로 만들어 세기의 로맨스로 회자시켰다.

2003년에 발간된 책 《마르셀 세르당과 에디트 피아프의 편지Moi pour toi》(Le Cherche-midi, 2003)는 밸런타인데이를 앞두고 프랑스 젊은이 사이에서 초콜릿보다 더 많이 팔릴 만큼 주문이 쇄도했다고 한다. 동시대에 활약한 샹송의 대부 샤를 아즈나부르는 이렇게 회고한다.

> 에디트 피아프는 복서 마르셀 세르당을 열렬히 사랑했지요. 피아프는 노래하기 위해 뉴욕에 있었습니다. 세르당은 피아프와 같이 있기 위해 일찍 에어프랑스를 타고 뉴욕으로 떠났고 비행기는 아조레스 제도 위에서 추락하고 말았습니다. 피아프는 이틀인가 사흘 동안 자기 방에 꼭 박혀 있더니 삭발하고 나타나 〈사랑의 찬가Hymne A L'amour〉를 불렀지요. 방에서 가사를 완성해 죽은 세르당을 위해 노래한 것입니다.

10년도 못 간 패티와의 결혼 생활

그토록 원했던 패티 보이드와의 해후였기에 에릭 클랩턴은 패티와 죽는 날까지 사랑하면서 살 듯 비쳐졌지만 둘의 부부 생활은 백년해로와는 한참 거리가 멀었다. 하긴 사랑은 변하기 쉬우며 자주 변형되고 풍화하고 산화한다고 하지 않던가. 이 커플의 경우에는 술과 마약이라는 불화

1989년 11월에 발매된 클랩턴의
앨범 《저니맨Journeyman》(리프라
이즈 레코드) 앞면과 뒷면. 그토록
염원하던 패티와 이혼한 이듬해
에 나온 앨범이다.

요소가 강하게 관여했지만 에릭 클랩턴의 무질서한 여성 행각도 원인에
끼어 있었다. 이 정도면 여복일 수도 여난女難이랄 수도 있다. 따라서 패
티에 대한 에릭 클랩턴의 사랑을 지고지순한 아름다움으로만 여기면 오
산이다.

패티 이전에도 그는 오랫동안 앨리스 옴스비고어Alice Ormsby-Gore,
1952~1995와 동거했고, 영화 〈토요일 밤의 열기Saturday Night Fever〉에 삽입돼
빌보드 차트 1위에 오른 곡 〈내가 널 가질 수 없다면If I Can't Have You〉의 주
인공 이본 엘리먼Yvonne Eliiman, 1951~과의 핑크빛 사연을 띄우기도 했다. 심
지어 허트우드 집에서 제니 매클레인이란 어린 여자와 같이 있는 모습을
패티에게 들켜 패티가 울고불고 난리를 피워 짐 싸서 나간 적도 있다. 패
티가 옆에 있는데도 술 마시다가 딴 여자들과 어울리는 일도 허다했다.

물론 에릭이 패티와의 관계 회복에 노력을 기울인 것은 사실이다. 아

에릭 클랩턴의 두 번째 부인 로리 델 산토. 불의의 사
고로 둘 사이에서 얻은 아들 코너를 잃은 에릭 클랩턴
은 그 유명한 〈천국에서의 눈물〉을 만들었다.

아이를 갖고자 했던 것도 패티와 오래 함께하기 위한 방편이었다. 그래서
서로 애를 썼지만 나팔관이 막힌 패티는 사실상 불임이었다고 알려졌
다. 1984년 시험관 아기에 도전했지만 결과는 유산이었다. 에릭은 점점
밖으로 돌았고 패티의 외로움은 깊어갔다. 이 무렵 레일라와 마즈눈의
관계는 풍전등화였다.

그러다가 에릭은 1985년 이탈리아 순회공연에서 모델이자 방송인
로리 델 산토Lory Del Santo, 1958~를 만나게 된다. 자서전에 쓴 대로 에릭 클
랩턴은 "도처에 바람이 부는데도 꺼질 줄 모르는 불꽃"이었다. 에릭은
로리의 집으로 찾아가 "패티와 끝내고 그대와 살기 위해 왔다"라고 고
백했다. 아이를 갖고 싶다는 에릭의 요청에 로리는 피임을 중단했고
1986년 에릭의 첫 번째 자식이자 아들인 코너가 태어났다.

2010년 크로스로즈 기타 페스티벌에서 협연하는 에릭 클랩턴과 비비 킹.
클랩턴은 2000년에 비비 킹과 협연한 앨범을 내기도 했다.

그때는 첫째 아이로 알려졌지만 사실 이전인 1984년 에릭 클랩턴은 몬트세랫 소재의 스튜디오 매니저인 이본 켈리$^{Yvonne Kelly}$라는 여성과 혼외 관계를 가져 루스 켈리라는 딸이 있었다. 루스 켈리가 에릭의 자식이라는 사실은 한참 뒤인 1991년 언론 보도로 밝혀졌다. 루스는 2013년 아들을 출산해 에릭 클랩턴은 공식적으로 손자가 있는 할아버지가 됐다.

코너의 출생, 아니 로리 델 산토와의 만남은 자연히 패티와의 파경을 불렀다. 결혼한 지 10년이 채 못 된 1988년에 둘은 이혼 서류에 도장을 찍고 말았다. 에릭이 로리 델 산토와 만나고 있을 때 패티도 새 남자 친구와 교제를 시작했다. 하지만 에릭과 로리의 관계도 삐걱거림을 반복했다. 아들을 얻고 나서 얼마 되지 않아 그는 사실상 로리와의 관계를 정리했다. 하지만 아들 코너의 존재는 늘 방황하고 비겁했으며 청개구리처럼 반대로 튀고 나쁜 선택만을 일삼던 에릭에게 아버지라는 새로운 소우주를 열어주었다.

1991년 3월, 에릭은 코너가 네 살 반일 때 함께 서커스를 구경하고 그 흥분을 이어가기 위해 다음 날 동물원으로 나들이를 가기로 계획했는데 비통한 소식을 듣는다. 맨해튼 아파트 53층에서 아들 코너가 가정부가 잠시 소홀한 틈을 타 창문 밖으로 나가 떨어져 죽었다는 것이다. 에릭은 모든 것을 잃었다. 슬픔에서 헤어나지 못한 그는 종교와 정신 치료에서 위안을 얻고 알코올 중독 치료회에 참석해 그리 좋아하던 술도 끊었다.

1992년 《뉴스위크》와의 인터뷰에서 에릭은 "슬픈 노래를 만들고 싶었을 뿐이다. 1991년 한 해 내내 그런 노래에만 주력했다"라고 말했다.

여기서 나온 노래가 그 유명한 〈천국에서의 눈물〉이다. 아들을 잃은 고통을 담아낸 이 노래가 그래미상 주요 부문을 석권하면서 그는 또 한 차례의 리즈 시절을 맞았다. 〈천국에서의 눈물〉이 몰고 온 언플러그드 열풍은 대단했다. 증폭을 배제한 어쿠스틱 사운드를 그가 취한 것은 발가벗은 자신의 심정을 대변하기에 적합한 음악 형식이라고 판단했기 때문이다.

30년을 넘게 이어온 질풍노도는 끝났다. 2000년대 이후 그의 음악은 무가공 자연 사운드를 취하고 있다. 2000년에는 블루스의 왕 비비 킹과 협연한 앨범, 2004년에는 자신을 블루스로 이끈 영웅 로버트 존슨의 음악을 재해석한 음반을 냈다. 2006년에 발표한 《에스콘디도로 가는 길The Road to Escondido》은 1978년에 불러 히트한 곡 〈코카인〉의 원작자이자 음악적 스승 제이제이 케일과 함께 엮었다. 2014년의 앨범 《더 브리즈: 제이제이 케일을 추모하며The Breeze: An Appreciation of JJ Cale》는 한 해 전에 세상을 떠난 제이제이 케일에게 헌정하기 위해 음악적 동료들과 기획했다. 어쩌면 지나온 인생과 자신에게 영향을 미친 인물을 돌아보며 음악적 정리 작업에 매진하고 있는 듯하다.

사생활도 마찬가지다. 바람 잘 날 없던 그는 기타 경매 행사에서 만난 멜리아 맥에너리Melia McEnery, 1976~ 라는 이름의 어린 아가씨와 2002년에 결혼식을 올리면서 마음의 안정과 가정의 평화를 얻었다. 그녀의 순수한 미소에 끌렸다는 에릭은 멜리아를 "나이 쉰네 살에서야 내 인생에서 처음으로 만난 건전한 짝"이라고 자서전에 썼다.

마침내 과거의 틀이 깨졌다고 했다. 에릭과 멜리아는 2001년 6월에 줄리라는 딸을 낳았고 2003년과 2005년에 둘째 딸 엘라 메이, 셋째 딸 소피 벨을 연속으로 낳았다. 건전한 가족생활 경험이 전무했던 그는 말년에서야 단란함을 맛보는 듯하다.

그에게 이제 패티 보이드와 〈레일라〉는 골동품처럼 아득한 옛날의 추억거리로만 남아 있을 것이다. 언플러그드 열풍 때 〈천국에서의 눈물〉에 이어 단출한 어쿠스틱 버전의 〈레일라〉를 불러 히트를 치면서 1990년대 음악 팬들 사이에 다시 한 번 '에릭과 패티 그리고 조지'의 삼각 사랑의 배틀이 입에 올랐지만 그것도 어느새 20년도 더 된 과거사일 뿐이다. 어쩌면 에릭 클랩턴은 그 기억을 다 지웠을지도 모른다.

하지만 고희가 된 그의 관조 혹은 당사자의 바람을 배반하며 록의 역사는 계속해서 〈레일라〉 신화, 다시는 경험하지 못할 그 이상한 사랑의 삼각관계를 원용하고 응용하길 거듭할 것이다. 예술가의 이러한 신화가 반복해 회자되는 것은 거의 숙명이다. 기막힌 스토리 자체도 매혹적이거니와 그것이 한때의 에피소드로 그치지 않고 에릭 클랩턴의 빛나는 기타 연주의 경지, 찬란한 명작 〈레일라〉와 〈원더풀 투나잇〉을 만들어낸 창작의 원천과 결부되기 때문이다. 풍속사는 곧 스토리이며 야사는 때로 정사보다 위력을 발휘하면서 긴 생명력을 지닌다. 대중음악 역사에서 에릭, 패티, 조지 사이에 펼쳐진 삼각관계보다 스토리텔링의 흡인력이 우월한 야사, 세기의 사랑은 없다.

2005년 1월 영국 웨일스에 있는 밀레니엄 스타디움에서 쓰나미 자선 공연을 하고 있는 에릭 클랩턴. 이해에 그는 셋째 딸 소피 벨을 낳았는데, 말년에서야 가족생활의 단란함을 누리고 있다.

"그대는 나로 하여금 성스러운 시간 속에 고요히 숨 쉬게 하며
잠시 동안의 수면 속에서도 그대는 나를 꿈속에 잠기게 하오.
나의 사랑이 밤보다 깊고 천년보다 더 길다는 것을
당신은 알고 있는지……"

낭만주의 시대를
음악으로 채운
두 개의
러브 스토리

Musicians In Love

슈만 & 클라라 & 브람스 서희태

글쓴이 **서희태**

오케스트라와 함께하는 무대에서 가장 빛나는 지휘자다. 우리나라 최초의 클래식 드라마〈베토벤 바이러스〉의 주인공 강마에(김명민 연기)의 실제 모델이면서, 예술 감독으로도 참여했다. 부산대학교 성악과에서 공부한 후, 빈 시립 음악대학에서 성악과 전 과정과 오페라과, 교회음악과(리트·오라토리오과)를 졸업한 후 다수의 오페라와 콘서트를 오가며 성악가로서 활발하게 활동했다. 대학 시절부터 지휘자의 자질을 인정받아 부산대학교 현악 앙상블을 창단 지휘했고, 그녀신 러시아 음악대학 오케스트라 지휘 박사과정, 이탈리아 도니체티 아카데미 오케스트라 지휘과와 오페라 지휘과를 마친 후에는 헝가리 죄르 시립 오케스트라 외 여러 단체와 수차례 국내 연주와 유럽 순회 연주를 했다.

2015년 현재는 밀레니엄 심포니 오케스트라와 놀라온 오케스트라의 음악 감독 겸 상임 지휘자로 활동하며, 관객과 소통하는 공연을 이어가고 있다. 또한 충남대학교 경영대학원의 겸임 교수로서 마에스트로 리더십에 관해 강의하고 있다. 지은 책으로는《오케스트라처럼 경영하라》《클래식 경영 콘서트》등이 있다.

슈만과 브람스보다는 클라라

장래가 불투명한 남자와 아홉 살 연하의 유명 피아니스트가 사랑에 빠진다. 여자의 아버지는 극심한 반대를 하고 연인은 아버지와 법정 소송까지 벌인 끝에 결혼을 한다. 남자는 음악가로 대성하지만 정신병에 시달린다. 남자의 제자인 또 다른 음악가는 스승의 아내를 연모하게 된다. 스승이 먼저 세상을 떠나고 제자는 스승의 아내에게 자신의 사랑을 고백하지만 거절당한다. 하지만 제자는 평생을 순애보로 그녀를 위한 헌신의 삶을 산다. 훗날 그녀가 먼저 세상을 떠나고 이듬해 마치 그녀를 따르듯이 제자 또한 세상을 떠난다.

한 편의 드라마와 같은 이 이야기는 낭만주의 시대를 대표하는 두 명의 음악가 로베르트 알렉산더 슈만Robert Alexander Schumann, 1810~1856과 요하네스 브람스Johannes Brahms, 1833~1897 그리고 그들이 사랑했던 여인 클라라 슈만Clara Schumann, 1819~1896에 대한 실화다. 클래식 음악사에 남은 수많은 러브 스토리 중에서 유독 이들의 이야기가 가장 많이 회자되는 이유는 무엇일까? 로미오와 줄리엣 같았던 슈만과 클라라의 아름다운 러브 스토리와 스승의 아내를 마음에 품고 평생 동안 지고지순한 순애보를 써 내려간 브람스의 러브 스토리도 물론 그 이유가 된다. 또한 사랑의 결과로 매우 많은 클래식 명곡이 만들어졌다는 사실도 한몫했다. 그리고 또 한 가지 큰 이유가 있는데 바로 클라라가 갖고 있는 존재감 때문이다. 다른 클래식 음악가들의 러브 스토리에서 여성은 남성인 음악가의 사랑을 일방적으로 받는 대상이었다. 하지만 클라라는 슈만과 브람스에게 사랑의 대상이었을 뿐만 아니라 음악을 하는 동료였다. 편견을 뛰어넘은 발군의 여성 예술가였으며 헌신과 사랑으로 가득했던 삶을 살며 슈만과 브람스의 인생을 움직였다. 사실 독일인에게는 슈만과 브람스의 '명성'보다 클라라가 받고 있는 '사랑'이 더 크다. 유로화로 유럽 화폐가 통합되기 이전 독일의 100마르크 지폐에는 클라라의 초상화가 새겨져 있었다. 낭만주의 대표 작곡가인 남편 슈만도 독일 지폐에 자신의 초상화를 걸지 못했다.

물론 클래식 음악사에서 슈만과 브람스의 위치는 두말할 나위가 없다. 그래서 대부분 이들의 러브 스토리는 슈만이나 브람스의 관점에서 이야기한다. 하지만 클라라의 관점도 함께 이야기할 때 비로소 이들의 삶과 음악 그리고 사랑을 바로 볼 수 있을 것이다.

슈만과 그의 제자 브람스가 흠모한 대상, 클라라. 노르웨이 작곡가 에드바르 그리그에 따르면 클라라는 가장 감성이 풍요롭고 명성이 높은 피아니스트 가운데 하나다.

감성이 풍요롭고 명성이 높은 피아니스트

19세기 초반, 독일 라이프치히에는 유명한 피아노 교육자 프리드리히 비크Friedrich Wieck, 1785~1873가 살았다. 독일 각지에서 피아니스트를 꿈꾸는 많은 학생이 그를 찾았다. 비크는 여러 제자에게 피아노를 가르치고 있었으며 슈만도 열여덟 살에 비크의 제자로 들어온다. 수많은 비크의 제자 중에서 단연코 돋보이는 제자는 비크의 딸 클라라였다.

클라라는 비크와 피아니스트인 마리아네Marianne Wieck, 1797~1873 사이에서 2남 3녀 중 차녀로 태어났다. 형제가 적지 않았음에도 클라라의 어린 시절은 매우 외로웠다. 비크는 가족에게 폭군이었다. 무섭고 강압적인 방식으로 복종을 강요하며 제자들을 가르쳤는데, 가족에게도 이와 똑같이 대한 것이다. 결국 클라라의 어머니 마리아네는 이러한 남편의 행동을 견디지 못하고 자녀들과 함께 집을 나가버렸고 아버지에게 피아노를

클라라의 아버지 프리드리히 비크. 그는 권위적인 폭군이었던 탓에 클라라 외 모든 가족이 그를 떠났고, 피아노 신동인 클라라는 그에게 혹독한 훈련을 받아야 했다.

배우던 클라라만 그의 곁에 홀로 남게 됐다.

비크는 아내의 가출에도 자신의 방식이 옳다고 굳게 믿었다. 그리고 클라라를 통해 그것을 입증하려 했다. 비크는 고강도 훈련을 강요하며 딸을 연습시켰고 클라라는 어린 나이에 피아노 신동으로 유명해지기 시작했다. 1828년 라이프치히의 게반트하우스에서 아홉 살의 클라라는 첫 공식 연주회를 가졌다.

사실 비크는 경제적으로 어렵게 자랐으며 가족에게 넉넉한 형편을 제공해주지 못했다. 그래서 부에 집착했던 것으로 보인다. 재능 있는 자신의 딸을 잘 훈련시켜서 유명한 피아니스트로 만들면 자신은 부와 명예를 함께 얻을 수 있으리라 생각했다. 그리고 클라라가 유명해지면서 그 상상이 실현돼가는 듯했다. 하지만 그 이면에서 클라라는 자신의 이름조차 글로 쓰지 못하고, 사사로운 의사도 잘 표현하지 못하는 아이로

자라고 있었다. 바로 이런 시기에 슈만이 클라라의 집으로 들어오게 된 것이다.

피아노를 놓을 수 없었던 법학도

슈만은 독일 작센 지방의 츠비카우에서 태어났다. 당시 인구가 5,000명 밖에 안 되는 작은 도시이지만, 주변 풍경은 매우 아름다운 곳이었다. 슈만은 대학에 갈 때까지 어린 시절의 대부분을 이곳에서 보냈다. 슈만의 아버지는 출판업을 했는데, 직접 작가로도 활동할 정도로 문학적 능력이 뛰어났다. 반면 어린 슈만은 일찍부터 음악적 재능을 보였다. 일곱 살 때부터 작곡을 시작하더니 열 살이 돼서는 오르간곡을 쓸 정도였다. 슈만의 아버지는 비록 음악가 집안은 아니었지만 음악적 재능을 보이는 슈만을 적극적으로 응원했다. 지역 유지였던 슈만의 아버지는 경제적으로 넉넉한 환경에서 슈만이 최대한 좋은 음악 교육을 받을 수 있도록 도왔으며, 좋은 음악회를 함께 찾아 다녔다. 슈만이 처음 피아니스트의 꿈을 품게 된 것도 아버지와 함께 보러 간 음악회 때문이었다.

　그렇게 순탄하게 음악가의 길을 걷는 듯했지만 슈만이 열여섯 살 때 집안의 가장이었던 아버지가 세상을 떠나게 된다. 급격하게 가세가 기울어 슈만은 음악 공부를 포기해야 하는 상황에 처했다. 사실 슈만의 어머니는 두 부자가 음악에 빠져 있는 것을 늘 못마땅해했다. 그러다 가장이 세상을 떠나고 경제적으로 어려워지자 어머니의 걱정은 더욱 커졌다. 결국 슈만이 열여덟 살이 되자 경제적으로 자립할 수 있는 법학 공부를 시키기 위해 큰 도시인 라이프치히로 유학을 보냈다. 어머니로서는 무리를 한 것이었다.

음악만 생각하며 살았던 슈만이 라이프치히 대학교에서 그것도 법학 공부에 집중하기는 쉽지 않았다. 슈만의 머릿속에는 법학이 아니라 오로지 피아노만이 끊임없이 맴돌았다. 어려운 형편에 유학을 보낸 어머니는 이를 안타깝게 생각했다. 그래서 다시 공부에만 집중하라고 하이델베르크 법과대학으로 전학을 시켰다. 슈만은 그런 어머니에게 죄송한 마음에 최대한 마음을 잡고 공부하려고 노력했다. 음악에 대한 꿈과 현실 사이에서 슈만은 힘들어하고 있었다. 그런 와중에 어머니로부터 재정 지원이 끊기게 됐다. 어머니의 경제적인 상황이 더 안 좋아져 슈만에게 학비와 생활비를 보낼 수 없게 된 것이다. 미래에 대한 끝없는 고민은 청년 슈만의 머릿속을 더욱 복잡하게 만들었다. 그때 슈만의 머릿속에 어린 시절 아버지와 함께 보았던 공연이 떠올랐다. 자신에게 피아니스트의 꿈을 심어주었던 그 피아노 연주의 전율이 슈만을 다시금 사로잡았다. 슈만은 피아니스트가 되기로 결심했다. 자신의 미래를 결정한 슈만의 행동은 빨랐다. 라이프치히에서 가장 유명한 피아노 교육자를 알아보고 그의 집에 찾아가 문을 두드렸다.

1850년도의 슈만. 법학도의 꿈을 버리고 피아니스트
의 길을 택한 젊은 슈만은 라이프치히에서 가장 유명
한 피아노 교육자의 집을 찾아간다. 그 교육자가 바로
클라라의 아버지 비크였다.

아버지의 가난한 제자를 사랑한 딸

비크의 눈앞에 멀끔하게 생겼지만 왠지 가난해 보이는 시골 청년이 서
있다. 바로 슈만이다. 레슨비 한 푼 줄 수 없다는 슈만에게 왠지 호기심
이 생긴 비크는 그에게 연주를 한번 들어보자고 했다. 단 한 번의 기회
라고 생각한 슈만은 그 어느 때보다 집중해서 피아노를 쳤다. 비크는 슈
만의 연주를 들어보고는 잠시 생각에 잠겼다. 그리고 자신의 집에서 하
숙을 하며 레슨을 받고 그 대신 어린 학생들에게 피아노를 가르치는 조
건을 제시한다. 당시 비크는 슈만의 재능을 높게 보았다. 그래서 슈만을
잘 교육시키면 (클라라처럼) 자신에게 부와 명예를 가져다줄 것이라 생
각했다. 그렇지 않다면, 돈 없이 열정으로만 똘똘 뭉친 시골 청년을 집
으로 들이는 파격적인 대우를 할 리가 없었다. 사실 비크는 이런 결정이

어린 시절의 클라라. 외부와 단절된 채 아버지의 피아노 교육
만 받았던 클라라는 사회성이 결여돼 있었다. 그러던 중 대학
생 슈만이 클라라의 인생에 걸어 들어온다.

훗날 큰 후회로 다가오게 될 것을 몰랐다. 자신의 딸이 슈만과 사랑에
빠지리라고는 상상조차 하지 못했을 것이기 때문이다.

청년인 슈만이 처음 비크의 집에 들어왔을 때 슈만의 나이는 열여덟
살, 클라라의 나이는 아홉 살이었다. 물론 피아노를 잘 치는 스승의 딸
이라는 부러움과 호기심은 있었겠지만 슈만이 클라라를 여자로 볼 수
있는 나이는 아니었다. 반면 대학생이었던 슈만은 당시 상당한 꽃미남
청년으로 알려져 있었으며 매력적인 여러 여인과 연애를 하고 있을 때
였다. 외부와 단절된 채 아버지와 피아노밖에 모르는 '사회성이 결여된
꼬마 아가씨' 클라라에게는 어느 날 '멋진 대학생 오빠' 슈만이 자신의
집에서 함께 살게 된 셈이다. 마치 외부와 단절된 외딴 성에 갇혀 있는
공주님 앞에 동화 속 왕자님이 등장한 것처럼 말이다. 클라라는 난생처
음 고약한 아버지 같은 남자가 아닌 자상하고 잘생긴 남자와 기묘한 동
거를 하게 됐다.

어린 클라라와 청년 슈만은 오랜 시간을 한 공간 안에서 같이 살며, 서로의 연주를 듣고 보고 많은 이야기를 나누었다. 물론 슈만이 당시 어린 클라라를 유혹하려 했던 것은 아니었지만, 아버지에게 물려받은 슈만의 문학적 능력과 언변은 어린 클라라를 감동시키기에 충분했다. 클라라에게 슈만은 집과 연주회장 외에 다른 세상을 알려주는 유일한 사람이었다. 클라라에게 슈만이 점점 신격화된 것도 무리는 아니다. 클라라는 성장할수록 최고의 피아니스트로 주목받았을 뿐만 아니라 상당한 미모를 가진 매력적인 여인이 돼갔다. 하지만 클라라의 마음속에 남자란 오로지 슈만뿐이었다. 슈만은 처음에는 너무 어린 클라라를 여자로 볼 수 없었을 터이고 자란 후에도 누이동생 같은 스승의 딸에게 그런 마음을 품어서는 안 된다는 생각도 했을 것이다.

그러던 어느 날 클라라는 청천벽력 같은 소리를 듣는다. 슈만이 귀족 가문의 수양딸과 약혼을 한다는 것이다. 오로지 순수하게 한 사람만 바라보던 클라라는 일순간 질투의 화신이 됐다. 클라라에게는 다행스럽게도 얼마 지나지 않아 슈만은 파혼을 했다. 슈만과 결혼하면 귀족이 재산을 한 푼도 물려주지 않는다고 해서 파혼했다고 전해지지만 그 이유는 정확히 알려지지는 않았다. 시간이 지나면서 꽃미남 청년 슈만 주변의 여자들은 모두 정리됐다. 그리고 단 한 사람 클라라만 남게 됐다. 어쩌면 슈만이 클라라에 대한 사랑을 깨달아서 주변의 모든 여자를 정리한 것은 아니었을까.

그렇게 두 사람이 서로의 사랑을 확인하고 행복한 연인이 됐으면 참

좋았겠지만 두 사람에게는 아버지이자 스승인 비크라는 큰 장애물이 있었다. 비크는 평소 클라라와 슈만이 가깝게 지내는 것을 원하지 않았다. 사실 어떤 아버지가 최고의 피아니스트로 성장하고 있는 금쪽같은 딸이 아홉 살이나 많은 무명의 피아니스트와 가까워지길 원하겠는가? 물론 비크가 처음 슈만을 제자로 받아들일 때 그의 재능을 인정했던 것은 맞는다. 만약 슈만이 클라라 이상의 유명한 피아니스트가 됐다면 생각을 달리했을지도 모른다. 하지만 비크가 슈만을 완전히 포기하게 만드는 일이 벌어지게 된다.

천재 소녀 클라라를 통해 슈만의 음악이 완성되다

슈만은 지독한 연습 벌레였다. 아버지가 세상을 떠나 어려운 환경에서 한동안 음악 공부를 할 수 없었다가 청년이 돼 본격적으로 공부를 다시 하게 됐으니 매우 조급할 수밖에 없었다. 한편으로는 자신보다 아홉 살이나 어리지만 피아노를 더 잘 치는 클라라를 매일 보면서 어떤 압박감도 느꼈을 것이다. 슈만은 하루빨리 뛰어난 연주자가 돼 자신만의 연주회를 열고 싶었다. 그래서 매일 무리하게 자신을 혹사하며 연습을 했다. 슈만은 자신만의 독창적인 연습 방법을 고안해 연습할 정도로 열심이었는데, 이것이 오히려 화근이 됐다. 피아노를 칠 때 약지의 움직임이 마음에 들지 않는다며 약지에 끈을 달아 천장에 매달아놓고 연습을 했다. 이렇게 무리한 연습이 계속되다 보니 결국 그의 약지에 마비가 오기 시

작했다. 슈만은 피아니스트로서 사형 선고를 받게 됐다.

하지만 슈만에게 찾아온 불행이 오히려 클라라와 슈만의 사이를 가깝게 만드는 계기가 됐다. 슈만은 좌절과 깊은 절망 속에 빠져 잠깐 동안 방황했지만 이내 마음을 잡고 작곡에만 몰두했다. 그 결과 탄생한 작품이 바로 피아노 모음곡 〈나비Papillous, Op.2〉였다. 그리고 연주 여행으로 파리에 있는 클라라에게 작곡한 곡을 알렸다. 연주 여행을 마치고 돌아온 클라라는 슈만의 곡을 열심히 연습했다. 슈만의 작곡 의도가 음악으로 완벽하게 나타날 때까지 연습을 거듭한 끝에 마침내 완벽하고 정열적인 연주로 슈만의 곡을 표현해냈다. 슈만은 그녀의 연주를 통해 자신의 머릿속으로만 상상했던 새로운 낭만주의 음악이 실현되는 것을 체험하고 기쁨을 감추지 못했다. 이런 일이 반복되면서 두 사람 사이는 급격하게 가까워지게 됐다.

당시 슈만은 아무도 알아주지 않는 무명의 풋내기 작곡가일 뿐이었다. 아버지에게 물려받은 문학적 능력으로 평론가로 활동하기도 했지만 이제 시작하는 단계였다. 반면 클라라는 피아니스트로 절정기였다. 아홉 살 때 첫 공식 연주회를 시작으로 유럽 전역을 다니며 38회에 이르는 연주회를 개최하면서 최고의 피아니스트로 최고의 인기를 얻고 있었다. 피아노의 귀재 프란츠 리스트는 클라라를 '천재 소녀'라고 불렀으며, 대문호인 괴테, 바이올린의 대가 파가니니, 멘델스존 등 동시대를 살았던 많은 예술가가 클라라의 피아노 연주를 극찬하며 후원을 자처했다. 객관적으로 보면 슈만은 클라라의 남편감으로 많이 부족한 상황이었다.

나의 사랑이 밤보다 깊고 천년보다 길다

비크는 두 사람의 사이가 심상치 않음을 느꼈다. 그래서 클라라에게 슈만과 절대로 만나서는 안 된다는 명령을 내리고 멀리 유학을 보내버렸다. 슈만 역시 비크의 집을 나오게 됐다. 그렇게 클라라와 슈만은 비크의 반대 속에 4년간 생이별을 하게 됐다. 하지만 이루어질 수 없는 사랑은 더욱 애틋해지는 법이다. 클라라와 슈만에게 다가온 고난이 두 사람을 더욱 애틋하고 끈끈한 관계로 만들어주었다. 클라라와 슈만은 떨어져 있는 동안 하루가 멀다 하고 애절한 편지를 주고받으며 사랑을 나누었다.

> 그대는 나로 하여금 성스러운 시간 속에 고요히 숨 쉬게 하며 잠시 동안의 수면 속에서도 그대는 나를 꿈속에 잠기게 하오. 나의 사랑이 밤보다 깊고 천년보다 더 길다는 것을 당신은 알고 있는지……

이토록 낭만적이고 감동적인 슈만의 편지를 받은 클라라의 기분은 어땠을까? 슈만은 또한 클라라를 생각하며 열심히 작곡한 곡이 완성될 때마다 클라라에게 가장 먼저 보냈다. 그러면 클라라는 그 곡을 슈만을 생각하며 완벽히 표현되도록 연습했을 뿐 아니라 자신이 연주하는 프로그램에 함께 넣어 사람들 앞에 계속 선보였다. 당대 최고의 피아니스트인 클라라가 연주 여행에서 무명의 작곡가인 슈만의 곡을 연주하며 떨어져 있는 연인의 미래를 응원하고 있었던 것이다. 때때로 슈만은 클라라가 가까운 곳에서 연주회를 하면 비크의 눈을 피해 공연장 구석에 숨어 클라라가 자신의 곡을 연주하는 모습을 지켜보기도 했다. 클라라의 노력으로 슈만의 곡은 조금씩 세상에 알려졌으며, 결국 파리의 신문에 슈만의 음악과 그의 곡에 대한 기사가 실릴 정도가 됐다.

어느덧 두 사람이 만난 지 9년의 시간이 흘렀고 슈만은 스물일곱 살, 클라라는 열여덟 살이 됐다. 슈만은 이제 클라라와 결혼해야겠다고 결심했다. 용기를 내 스승 비크를 찾아갔다. 비크 앞에 선 슈만은 떨리는 마음으로 클라라와의 결혼을 허락해달라고 말했다. 비크는 단호하게 거절했다. 클라라 역시 비크에게 결혼을 허락해달라며 애원했지만 비크의 마음은 굳게 닫혀 열리지 않았다.

클라라와 슈만은 더 이상 비크를 설득할 수 없음을 깨달았다. 하지만 두 사람 역시 결코 헤어질 마음이 없었다. 결국 슈만은 라이프치히 법원에 클라라와의 결혼 허가를 청구하는 소송을 제기했다. 스승과 제자 그리고 스승의 딸이 벌이는 막장 드라마와 같은 법적 싸움이 시작된 것이다. 비크는 단단히 화가 나서 클라라의 재산과 유산을 모두 몰수해버렸다. 무일푼이 돼버린 클라라는 결혼 자금을 벌기 위해 다시 연주 여행을 계속해야 했다. 법정 다툼이 시작된 1838년, 슈만은 클라라에게 자신의 좌절된 피아니스트의 꿈과 내면의 고통을 낭만적인 선율로 승화한 작품을 선물했다. 바로 이 작품이 피아노 소품 열세 곡으로 구성된 모음곡 〈어린이의 정경Kinderszenen, Op.15〉이다.

나는 당신이 어린애처럼 보일 때가 많은 것 같아요.

결혼 자금을 벌기 위한 연주 여행을 하던 도중 클라라가 슈만에게 보낸 이 편지에서 슈만이 영감을 받아 〈어린이의 정경〉을 작곡했다고 한다. 그래서 이 곡에서는 슈만의 어린 시절이 엿보일 뿐만 아니라 클라라와의 행복한 시간을 회상하는 모습도 느낄 수 있다. 〈어린이의 정경〉의 곡들은 기교가 적고 매우 단순하지만 깊은 순수함과 감성을 품고 있다. 아버지 반대로 가장 힘든 시기에 있던 두 사람이지만 지금의 사랑이 그 어느 때보다 순수하고 깊다는 것을 말해주는 듯하다.

세상의 수많은 말 가운데 가장 아름다운 말로 당신을 부르고 싶습니다. 그런데 아무리 찾고 또 찾아도 '그대'라는 한 마디 단순한 말보다 더 아름다운 걸 찾을 수 없군요. 사랑하는 그대여……

법원의 재판 결과를 기다리며 슈만이 클라라에게 보낸 편지의 일부분이다. 두 사람의 사랑은 확고했다. 그래서 힘든 시간을 함께 이겨냈고 결국 그 결실을 맛보게 됐다.

2년간의 법정 분쟁이 끝났고 라이프치히 법원은 클라라와 슈만의 손을 들어주었다. 두 사람의 결혼을 방해하기 위해 갖은 수단을 모두 동원했던 비크는 결국 재판과 동시에 18일간의 금고형에 처해졌다. 이 사건은 슈만과 클라라 그리고 비크 모두에게 깊은 상처를 남겼다. 다행스러

1840년 결혼식 전의 클라라. 슈만과 클라라의 결혼식 날은 클래식 음악사에서 '가곡의 해'로 불린다.

운 일은 재판 후 3년이 지나 비크는 딸과 사위에게 용서의 편지를 썼고 슈만은 그 마음을 받아들였다는 것이다. 하지만 이전과 같은 관계로 돌아갈 수는 없었다.

'가곡의 해'를 만든 부부

클라라와 슈만은 클라라의 생일 전날인 1840년 9월 12일, 독일 라이프치히 부근의 쇠네펠트의 마을 교회에서 결혼식을 올렸다. 지금도 해마다 라이프치히에서는 두 사람의 결혼기념일에 맞춰 '슈만 페스티벌'을 열고 있다. 이는 두 사람의 사랑의 결실을 기념하는 의미도 있지만 이들이 결혼함으로써 음악사에 남긴 업적을 기리는 의미도 있다. 클라라와 슈만이 결혼한 1840년은 클래식 음악 역사에서 '가곡의 해'로 불리고 있다.

설레임이 가득한 결혼식 전날 클라라 앞에 악보집 한 권이 도착한다. 그 악보집의 제목은 《미르테의 꽃Myrthen, Op.25》이다(미르테란 우리말로 금잔화라고 하는데, 미혼 여성의 순결을 나타내는 꽃으로 당시 유럽에서 결혼식 때 신부의 머리 장식으로 자주 사용됐다). 악보집에는 "사랑하는 나의 클라라에게"라고 적혀 있었고 슈만이 클라라에 대한 사랑의 마음을 담아 정성 들여 작곡한 26곡이 담겨 있었다. 아버지와의 오랜 법정 분쟁으로 힘든 시간을 보내고 이제 결혼을 하루 앞둔 클라라가 느꼈을 감동과 감격은 이루 말할 수 없었을 것이다.

총 26곡으로 이루어진 가곡집 《미르테의 꽃》에는 괴테, 뤼케르트, 바이런, 번스, 하이네, 모젠, 무어 등 위대한 시인의 작품이 음악으로 담겨 있다. 여러 작품에는 모두 하나같이 클라라를 향한 슈만의 사랑으로 가득 차 있다. 가곡집에 담긴 전 곡이 지금도 많은 사랑을 받고 있지만 모젠의 시에 곡을 붙인 제3곡 〈호두나무Der Nussbaum〉, 하이네의 시에 곡을 붙인 제7곡 〈연꽃Die Lotosblume〉은 특별히 더 큰 사랑을 받고 있다. 그 중에서도 단연코 가장 큰 사랑을 받는 곡은 뤼케르트의 시에 곡을 붙인 1번 곡 〈헌정Widmung〉이다. 〈헌정〉을 쓴 뤼케르트는 슈만과 가깝게 지내는 사이였기에 둘의 상황을 담아 이 시를 썼다. 이러한 이유로 클라라 역시 이 곡을 더욱 사랑했으리라 생각한다.

헌정

당신은 나의 영혼, 나의 심장.

당신은 나의 기쁨, 나의 고통.

당신은 나의 세계, 그 안에서 나는 산다네.

나의 하늘 당신, 그 속으로 나는 날아가네.

오 당신 나의 무덤, 그 안에

나는 영원히 나의 근심을 묻었어요!

당신은 휴식, 당신은 마음의 평화.

당신은 나에게 주어진 하늘.

당신이 나를 사랑한다는 사실은 나를 가치 있게 만들어요. 내가 생각하

기에

당신의 시선은 나를 밝게 비춰줍니다.

당신은 나를 사랑스럽게 나의 위로 올려줍니다.

나의 선한 영혼을, 나보다 나은 나를!

Du meine Seele, du mein Herz,

Du meine Wonne', O du mein Schmerz,

Du meine Welt, in der ich lebe,

Mein Himmel du, darein ich schwebe,

O du mein Grab, in das hinab

Ich ewig meinen Kummer gab!

Du bist die Ruh, du bist der Frieden,

Du bist vom Himmel mir beschieden,

Daß du mich liebst, macht mich mir wert,

Dein Blick hat mich vor mir verklärt,

Du hebst mich liebend über mich,

Mein guter Geist, mein beßres Ich!

슈만은 1840년 한 해 동안 《미르테의 꽃》뿐만 아니라 평생 동안 작곡한 가곡의 절반 이상인 130여 곡을 작곡했다. 그 유명한 《시인의 사랑 Dichterliebe, Op.48》 《여인의 사랑과 생애 Frauenliebe und Leben, Op.42》 등의 가곡집도 바로 1840년에 작곡했다. 슈만은 아버지의 영향으로 문학에도 깊은 관심이 있었으며 음악과 문학은 밀접하게 연관돼 있다고 생각했다. 또한 당대의 유명한 시인들과 많은 교류를 하고 있었기에 그의 감정과 생각을 표현할 수 있는 낭만주의 시인의 시에 곡을 붙인 가곡을 많이 작곡했다. 그 곡들은 대부분 클라라에게 바치는 사랑의 노래였다.

물론 피아니스트인 아내에게 피아노곡보다 가곡을 많이 헌정했다고 생각할 수 있다. 하지만 슈만의 가곡은 다른 작곡가의 가곡과는 매우 독특한 차이가 있다. 슈만의 가곡은 피아노가 성악 멜로디에 단순히 반주만 하는 데 그치지 않고 독립적으로 진행돼 마치 '성악과 피아노를 위한 이중주'라는 느낌을 준다. 이것은 슈만 본인이 갖고 있었던 피아니스트의 꿈이 작품에 투영된 것이기도 하지만 클라라가 연주해주기를 바라는

슈만과 클라라. 슈만은 클라라와 결혼한 1840년
한 해에 평생 작곡한 가곡의 절반 이상인 130여
곡을 작곡했다.

마음과 아내에 대한 세심한 배려가 함께 낳은 결과다.

> 사랑스러운 클라라, 나는 결혼반지를 라인 강에 장례시켰소. 당신도 그렇
> 게 하시오. 두 사람의 반지는 그렇게 하여 영원히 함께 있게 될 것이오.

여자는 작곡을 꿈꾸어서는 안 되니까

결혼 후에도 두 사람의 사랑은 식지 않았으며 행복한 결혼 생활을 이어
갔다. 또한 클라라의 헌신적인 내조 덕분에 슈만은 승승장구하기 시작
했다. 슈만은 교향곡 1번과 4번을 작곡하고 실내악 작곡도 시작했다.
1843년에는 부부 모두 라이프치히 음악대학 교수가 돼 안정되고 행복

한 가정 환경에서 슈만은 끊임없이 작곡을 했고 클라라는 슈만의 곡을 세상에 알려주는 최고의 음악 파트너로 활동했다. 당연히 두 사람의 인기와 명성은 점점 올라갔다.

당시 라이프치히에서 이 부부가 교류했던 예술계 인맥도 상당했는데, 멘델스존과 리스트, 바그너 등의 음악가와 동화 작가 안데르센이 슈만 부부 신혼집에 단골손님으로 찾아왔다. 지금도 슈만이 지인들과 자주 들렀던 카페가 라이프치히에 남아 있다. 1694년 문을 연 '카페 바움' 인데, 현재는 호텔로 바뀌었지만 슈만이 자주 앉았던 자리인 2층 한편은 당시처럼 복원돼 있다.

1844년에 부부는 드레스덴으로 터전을 옮기게 된다. 슈만은 작곡가이자 평론가로 활발히 활동했으며 그의 명성은 독일을 넘어 오스트리아까지 뻗어나갔다. 슈만이 평론가로서 성공할 수 있었던 배경에는 아버지의 영향이 있었는데, 자신이 직접 평론지를 발간하고 기고도 하고 편집도 할 만큼 열성적이었다. 그는 두 개의 전혀 다른 성향을 띤 필명 '플로레스탄Florestan'과 '오이제비우스Eusebius'로 활동했다. 그의 평론이 너무 날카롭고 비판적이었는지 많은 이에게 비난을 받기도 했지만 그럴수록 평론계에서 슈만의 영향력은 커져갔다.

그런데 슈만의 명성이 높아질수록 클라라의 삶이 더욱 행복해진 것은 아니었다. 클라라는 음악가로서의 자신을 점점 잃어갔기 때문이다. 클라라는 본래 피아니스트뿐만 아니라 작곡가의 꿈도 품고 있었다.

클라라와 슈만의 자식들. 누구보다 뛰어난 재능을 지녔던 클라라는 자녀를 키우고 남편을 뒷바라지하는 주부의 삶을 선택함으로써 피아니스트는 물론 작곡가로서의 꿈을 접는다.

나는 창작에 재능이 있다고 믿었지만 이제는 그런 생각을 떨쳐버렸다. 여자는 작곡을 꿈꾸어서는 안 되는 것이니까. 그렇게 성공한 여자는 세상에 없으니까.

결혼하기 1년 전 클라라는 자신의 일기장에 이렇게 적어놓았다. 물론 여성 작곡가가 성공할 수 없다는 당시의 편견도 한몫을 했다. 결혼 후 클라라는 슈만의 작곡에 방해가 될까 피아노 연주를 극도로 자제했다. 또한 6남매를 낳아 키우고 집안일과 남편의 뒷바라지에 집중하며 점점 음악과 멀어져갔다. 그렇게 클라라는 작곡가의 꿈을 완전히 접게 됐다. 물론 슈만이 작곡한 곡을 연주하며 음악 활동을 이어갔지만 클라라가 꿈꾸던 음악가로서의 미래와는 분명 차이가 있었다. 그럼에도 클라라는 슈만을 깊이 사랑했기에 자신이 선택한 삶이라고, 자신은 행복하다고 스스로 위안했을지도 모를 일이다. 아이러니하게도 훗날 슈만이 먼저 세상을 떠난 뒤에 클라라는 자신의 음악적 재능을 다시금 발현한다.

온몸이 그의 음악 속에 녹아내리는 듯하다

1850년 슈만은 뒤셀도르프 오케스트라 지휘자가 되면서 경제적으로 매우 안정됐다. 하지만 생활의 안정이 가정의 행복으로 이어지지는 않았다. 이 시절부터 슈만에게 정신병이 찾아온 것이다. 늘 혼자서 작곡하고 글을 쓰던 슈만에게 지휘자로서 오케스트라 단원과 소통하며 리더십을 발휘하는 게 큰 부담으로 다가왔다. 한편으로는 가장의 책임감과 예술가로서 더 나은 작품을 만들어야 한다는 압박감이 복합적으로 그를 괴롭혔다. 이전부터 조금씩 나타나던 우울증이 발전해 정신 착란 증세를 보였다. 정신병으로 자살한 열세 살 위 누나와 정신 병원에서 생을 마감한 슈만의 둘째 아들을 생각해보면 이는 집안 내력으로 보이기도 한다.

　망상과 환청에 시달리며 심령술에 의지하던 슈만은 1853년 11월 결국 뒤셀도르프 오케스트라 지휘자 자리를 내려놓았다. 그리고 얼마 지나지 않아 정신 착란 증세로 라인 강에 투신했는데 다행히 지나가던 고깃배에 발견돼 목숨은 건질 수 있었지만 정상적인 생활을 할 수 없는 상태가 됐다. 슈만은 더 이상 가족에게 피해를 줄 수 없다는 생각에 스스로 정신 병원에 입원한다. 클라라는 임신한 몸으로 혼자서 여섯 명의 아이를 키우며 남편의 치료비까지 감당해야 하는 상황에 처했다. 하지만 이토록 가족을 힘들게 만든 슈만을 향해 클라라는 변함없는 사랑을 보였다. 슈만이 정신 병원에 입원했을 때 클라라는 자신의 일기장에 이렇게 적었다.

> 슈만의 음악을 연주하며, 그의 숨결을 느꼈고, 목소리를 들을 수 있었고, 온몸이 그의 음악 속에 녹아내리는 듯하다.

정신 병원에 입원한 이후 슈만은 건강을 회복하지 못하고 점점 쇠약해져갔다. 클라라가 슈만을 마지막으로 면회 갔을 때, 슈만은 음식을 삼킬 수도 없었다. 그래서 클라라는 손가락에 와인을 찍어 슈만의 입에 넣어주었다. 그러자 슈만은 클라라를 껴안으며 이렇게 말했다.

> 나도 알아.

정신병에 걸려 아무것도 분간하지 못하는 슈만이지만 클라라가 자신에게 준 사랑만큼은 알고 있었다. 사랑은 변함없었지만 슈만의 건강은 돌이킬 수 없는 상태가 됐다. 그리고 1856년 7월 29일 슈만은 클라라와 일곱 자녀를 두고 정신 병원에서 46세의 아쉬운 생을 마감한다.

슈만의 음악을 돌아보면, 그는 상상력이 매우 뛰어난 작곡가라 할 수 있다. 상상력의 극치는 그가 스물다섯 살에 완성한 스물한 곡의 피아노 소품 모음인 〈카니발Op.9〉이다. 슈만은 상상 속에서 가면무도회를 열고 그 안에서 축제를 즐기는 지인들의 모습을 음악으로 묘사했다. 또한 그의 피아노곡은 상당수가 직접 연주하며 만든 곡이 아니다. 슈만은 현실의 자신이 연주할 수 없는 곡을 작곡하기 위해 머릿속에 가상 공간을 만들어 그 안에서 피아노를 연주하는 상상을 했다. 슈만의 피아노곡들은 자유자재로 흐르는 라인과 매우 빠른 손놀림이 특징인데, 전문 연주자가 오랜 시간 연습해도 쉽게 연주할 수 없을 만큼 까다롭다. 그래서 슈만이 직접 발굴한 최고의 피아노 음악가 쇼팽마저도 슈만의 음악이 너무 어려워 "음악도 아니다"라고 표현했을 정도였다. 하지만 슈만이 이렇게 난도가 높은 곡을 작곡한 데에는 이유가 있었다. 그에게는 두 가지 꿈이 있었기 때문이다. 슈만 자신이 이루지 못한 꿈, 곧 피아니스트로서의 꿈과 최고의 피아니스트인 클라라이기에 연주할 수 있는 곡을 만들겠다는 꿈이 더해진 것이다. 하지만 과하게 펼쳐진 상상의 나래가 결국 화가 돼 그를 죽음으로 내몰고 말았다.

슈만과 브람스의 만남

슈만과 클라라의 사랑 이야기는 슈만의 죽음으로 안타까운 결말을 맞이하지만 이 시기에 클라라에게는 또 다른 형태의 사랑이 찾아온다. 바로 슈만의 제자 브람스와의 이루어질 수 없는 사랑이다.

슈만의 음악실. 그의 피아노곡은 매우 빠른 손놀림
이 특징인데, 쇼팽마저도 그의 음악이 너무 어려워서
"음악도 아니다"라고 표현했을 정도다.

슈만의 뒤를 잇는 낭만주의의 또 다른 대표 작곡가 브람스는 항구 도시인 북부 독일 함부르크 태생이다. 콘트라베이스 연주자의 장남으로 태어나 넉넉하지 못한 살림으로 어린 나이부터 선술집이나 카페에서 피아노 연주와 편곡을 하며 생계형 음악가로 활동했다. 그럼에도 특유의 성실함과 뛰어난 재능으로 여러 음악가에게 호감을 샀다. 그중 한 명이 바로 당대의 유명한 바이올리니스트 요제프 요아힘Joseph Joachim, 1831~1907 이다. 브람스와 요아힘은 절친한 사이였는데, 슈만과 브람스를 연결해 준 것도 바로 요아힘이다.

사실 브람스는 슈만을 만나기 전에 먼저 큰 상처를 받은 적이 있었다. 브람스는 함부르크에서 연주회를 연 뒤 우편으로 자신의 작품을 슈만에게 보냈다. 그런데 당시 잘나가는 평론가로서 워낙 많은 작품을 받았던 슈만은 브람스의 작품을 뜯어보지도 않고 돌려보냈다. 이 일로 브람스는 큰 상처를 받았고 슈만에 대한 마음을 접었다. 하지만 요아힘은 무명의 피아니스트인 친구의 재능이 안타까워 끊임없이 브람스를 설득했다.

슈만만큼 걸출한 음악가는 없다. 슈만을 꼭 만나야 한다.

요아힘의 간곡한 이야기에 브람스는 다시금 슈만의 작품을 면밀히 연구했다. 그러다 결국 슈만의 음악에 깊이 빠져들었다. 브람스는 요아힘이 써준 소개장을 들고 용기를 내어 슈만을 찾아갔다. 브람스가 슈만과 클라라를 처음 만난 이때는 슈만이 라인 강에 투신하기 두 달 전인

브람스가 태어난 함부르크 소재의 건물로서 1891년 사진이다. 브람스 가족은 1층의 왼쪽에서 두 번째 창문이 있는 방에서 머물렀는데, 이 건물은 1943년 폭격으로 파괴됐다.

1853년 9월이었다. 슈만의 나이 43세, 클라라의 나이 34세, 브람스의 나이 20세 때의 일이었다.

브람스는 슈만이 보는 앞에서 슈만의 작품인 〈피아노 소나타 제1번 Op.11〉을 연주했다. 그런데 연주 도중에 슈만이 갑자기 브람스 어깨에 손을 얹었다. 브람스는 긴장했다. 연주가 별로이니 그만 치라는 뜻으로 생각한 것이다. 하지만 슈만은 브람스의 연주 실력에 감동해 자신의 아내 클라라와 함께 듣고 싶어 했다. 클라라 역시 브람스의 연주를 극찬했다. 그 뒤로 한 달이 조금 넘는 시간 동안 브람스는 슈만의 집에 기거하면서 슈만의 가르침을 받았다. 슈만과 클라라 그리고 브람스는 낭만주의 음악이라는 공통된 주제 아래 공감하면서 예술적 우정을 나누었다. 어쩌면 이 시절이 세 사람이 함께했던 가장 아름답고 행복한 순간이 아니었

1853년의 브람스. 이해의 9월, 슈만 부부와 브람스가 처음 만 난다. 이때 슈만의 나이 43세, 클라라의 나이 34세, 브람스의 나이 20세였다.

을까 생각한다.

　슈만은 브람스가 작곡한 곡들에 감탄해 자신이 발간하는 평론지《음 악신보Neue Zeitschrift für Müsik》에 그의 음악을 소개했다. 특히 〈새로운 길 Neue Bahnen〉이라는 에세이에서 브람스를 "시대정신에 최고의 표현을 부 여한 사람"이라고 극찬했다. 슈만은 브람스를 저명한 음악 잡지에 크게 소개하고 유명 출판사와 악보 출판 계약을 맺게 해주는 등 브람스가 음 악가로서 성장할 수 있도록 도왔다. 브람스는 1872년에 빈 음악가협회 의 회장을 맡게 될 정도로 빈 음악계의 거물로 성장하는데 바로 그 기반 을 슈만이 닦아준 것이다.

스승의 아내를 사랑한 죄

브람스가 슈만 부부와 가깝게 지내면서 문제가 생겼다. 브람스가 클라라에게 흠뻑 빠져버린 것이다. 클라라는 브람스가 꿈꾸던 여성상이자 자신의 작품을 가장 완벽하게 해석하고 연주하는 연주자였다. 브람스는 클라라의 첫인상이 어머니를 연상시켰다고 한다. 브람스는 불우한 어린 시절을 보냈는데, 당시 브람스가 보기에 슈만의 가정은 매우 따뜻한 분위기였다. 그리고 그 중심에는 헌신적인 슈만의 아내 클라라가 있었다. 자신보다 열네 살이나 많은 클라라를 보며 첫눈에 반한 브람스는 애써 자신을 진정시켰다.

> 어머니 같기도 하고 누이 같기도 하고, 사랑이 느껴지지만 이것이 꼭 남녀 간의 사랑은 아닌 듯하고……

브람스는 끓어오르는 '사랑'을 '존경'으로 바꾸려 노력했다. '나는 슈만의 부인이기 때문에 존경하는 거야!'라며 자신을 타일렀다. 물론 브람스는 클라라를 향한 사랑을 키우기에는 현실적인 장애물이 많다는 것을 잘 알았다. 음악계의 대선배인 슈만의 아내를 사랑한다는 것 자체가 '마음의 죄악'이라 생각했다. 그래서 겨우 자신을 추스르고 〈피아노 소나타 제2번 F#단조Op.2〉를 완성해 클라라에게 헌정한 후 창작에 모든 정열을 쏟았다.

브람스는 슈만의 집을 떠난 지 얼마 후 슈만이 라인 강에 투신자살을

기도했다는 소식을 듣게 된다. 당시 클라라에게는 여섯 명의 아이가 있었고 그녀에 배 속에는 일곱 번째 아이가 자라고 있었다. 걱정이 된 브람스는 한걸음에 슈만 부부에게 달려갔다. 그리고 슈만을 극진히 간호한다. 이듬해 3월 슈만은 정신 병원으로 옮겨졌다. 그리고 이때부터 클라라를 향한 브람스의 헌신적인 보살핌이 시작됐다. 브람스는 슈만과 클라라의 아이들을 보살피며 한편으로 실의에 빠진 클라라를 위로했다. 클라라를 위해 〈피아노 3중주 제1번 B장조Op.8〉를 들려주고 새로 태어난 아이를 위해 〈슈만을 위한 변주곡〉을 작곡했다. 그러는 사이 브람스의 가슴속에서는 클라라에 대한 연정이 다시 싹트기 시작했다.

버림받은 초라한 사나이로 하여금 당신에게 이 말을 전할 수 있게 해주십시오. 그가 늘 한결같은 존경심을 갖고 당신을 생각하고 있으며, 이 세상 그 누구보다도 사랑하는 당신께 모든 좋은 일, 멋진 일, 아름다운 일들이 있기를 온 마음을 바쳐 기원하고 있다고 말입니다.

하지만 클라라를 향한 사랑의 고통은 브람스를 끊임없이 번민에 빠뜨렸다. 1854년 말에 작곡한 어둡고 열정적인 발라드 음악 속에는 그런 브람스의 마음이 가득 담겨 있다. 브람스는 당시 〈피아노 4중주 제3번 C단조Op.60〉의 도입부를 친구에게 소개하면서 자신의 절박한 심정을 이야기했다.

총구를 자신에게 겨누려는 한 남자를 상상해본 적이 있나? 스스로에게 총구를 겨누려 하는 것은 그에게 달리 할 수 있는 일이 없기 때문 아닐까?

그럼에도 클라라는 매정하게 자신은 슈만의 아내라는 사실만을 상기시켰다. 그래서 자신은 '오직 모성적 우정'만을 줄 수 있을 뿐임을 끊임없이 암시했다. 그러면 브람스는 '저분은 스승의 아내이기 때문에 나는 그녀를 존경한다'고 생각하며 애써 우정을 지켜나갔다.

1856년, 슈만이 세상을 떠났을 때, 브람스는 그 소식을 듣고 함부르크에서 뒤셀도르프까지 한걸음에 달려갔다. 클라라는 슬픔과 당황함으로 어쩔 줄 몰라 하는 상태였다. 브람스는 그녀를 평생 돌보기로 결심했다.

이 무렵 브람스와 클라라 사이에 편지 교환이 시작됐고 이 편지 교환은 40여 년간 지속됐다. 브람스가 쓴 첫 편지에서 클라라에 대한 호칭은 "경애하는 부인"이었다. 후에는 "나의 클라라", "당신"으로 변해갔다. 브람스는 종종 편지를 통해 그의 끓어오르는 사랑의 감정을 직설적으로 고백하기도 했다.

말로 표현할 수 없을 정도로 당신을 사랑합니다. 사랑이란 단어가 가질 수 있는 모든 수식어를 사용해 당신을 불러보고 싶습니다.

클라라의 삶에도 브람스가 점점 더 큰 자리를 차지해갔다. 클라라 자신도 그 사실을 잘 알고 있었다. 또한 브람스의 큰 사랑이 없었다면 단

빈에서 요한 슈트라우스 2세(왼쪽)와 함께 있는 노년의 브람스(오른쪽). 클라라를 향한 브람스의 사랑은 그의 나이 20세부터 60대까지, 즉 클라라가 죽을 때까지 40여 년간 지속됐고, 클라라가 죽고 1년 뒤 브람스도 세상을 떠난다.

한순간도 버틸 수 없음을 절감했다. 하지만 클라라에게 브람스가 보낸 사랑의 편지는 일종의 사치로 여겨졌을 것이다. 클라라는 남겨진 일곱 명의 아이 양육과 남편 슈만의 작품을 세상에 알리는 일에서 삶의 의미를 찾으려 했다. 그녀는 슈만의 사진집과 작품 전집을 편집하는 데 전력을 기울였다. 생계를 위해 프랑크푸르트 음악학교 교사로도 활동했다. 이뿐만 아니라 작곡가로 활동하며 슈만의 못다 한 작품집을 완성했는데, 슈만의 〈사랑의 봄에서 딴 12시詩〉(1841년)의 제2곡, 제4곡, 제11곡은 클라라가 작곡한 곡이다. 그러다 조금씩 피아니스트 클라라로서 연주회도 열기 시작했다. 결혼 생활 동안 잊고 지냈던 음악가로서의 자신을 모순되게도 남편이 죽은 뒤에야 되찾은 것이다.

클라라, 한 사람의 위대한 피아니스트

클라라는 정열적인 연주 활동으로 "리스트에 견줄 만한 명연주자"라는 평을 듣게 됐다. 또한 당시의 연주자, 작곡가로서 클라라의 활동은 여성 음악가에 대한 편견을 깼을 뿐 아니라 훗날 그녀를 독일인이 가장 사랑하는 여성으로 만들었다. 바로크, 고전, 낭만을 거치는 클래식 시대에서 작곡가는 악보로 자신의 곡을 후대에 남겼지만 당시 연주자의 연주는 이제 들을 수 없다. 그래서 클래식 역사는 작곡가 위주로 전해진다. 하지만 오늘날은 작곡가보다 무대에 서는 성악가와 연주자가 더 주목을 받는 시대가 됐다. 이를 가능하게 한 것은 바로 레코딩 기술의 발전이

클라라 슈만. 남편 슈만이 죽은 뒤 펼친 그녀의 연주 활동은 "리스트에 견줄 만한 명연주자"라는 명성을 안겨주었고, 연주자 겸 작곡가로서의 활동은 여성 음악가에 대한 편견을 깼을 뿐 아니라 독일인이 가장 사랑하는 여성으로 만들었다.

다. 직접 랑랑郎朗, 1982~ 의 연주회에 가지 않아도 그의 피아노 연주를 들을 수 있는 시대다. 만약 클라라의 연주가 음반이나 실황 영상으로 기록됐다면, 우리는 클라라를 슈만과 브람스가 사랑한 여인이 아니라 한 사람의 위대한 피아니스트로 기억하고 있을 것이다.

브람스도 이루어질 수 없는 클라라에 대한 사랑을 예술적 영감으로 승화해 모든 열정을 창작에만 쏟아부었고, 그 결과 낭만주의 시대의 작곡가로서 확고하게 자리매김했다. 클라라는 연주 레퍼토리에 슈만의 음악뿐만 아니라 브람스의 음악도 함께 넣었다. 당대 최고의 피아니스트가 브람스의 곡을 연주하면서 그의 명성도 함께 올라갔다. 어쩌면 클라라는 브람스의 마음을 알면서도 받아들일 수 없기에 음악을 연주하는 것으로 보답했던 것이 아닐까? 그렇게 브람스는 자신의 마음을 애써 감추고 클라라의 가정을 돌보며 지원을 아끼지 않았고 클라라는 브람스와

예술가로서의 우정을 지켜가며 40여 년 세월을 보냈다. 그리고 어느덧 브람스는 60대가 됐고 클라라 역시 70대 할머니가 됐다.

클라라의 슈만을 향한, 브람스의 클라라를 향한 고전주의적 순애보

1896년 5월 20일, 77세의 클라라가 뇌졸중으로 쓰러졌다. 그리고 며칠이 지나지 않아 세상을 떠나게 됐다. 클라라가 위독하다는 소식을 들은 브람스는 빈에서 프랑크푸르트까지 40시간 동안 달려왔지만 클라라의 임종을 지키지는 못했다. 클라라는 유언에 따라 슈만의 무덤에 함께 묻혔다. 같은 해에 브람스가 작곡한 〈네 개의 엄숙한 노래Vier ernste Gesänge Op.121〉는 그녀의 죽음 앞에 바쳐진 추모곡이 됐다.

나의 삶의 가장 아름다운 체험이요, 가장 위대한 자산이며 가장 고귀한 의미를 상실했다.

세상 모든 것이, 헛되고 헛되도다, 내가 진정 사랑했던 단 한 명의 여인이 오늘 땅에 묻혔다.

충격과 비탄에 빠진 브람스는 더 이상 아무 말도 할 수 없었다. 삶을 지탱해온 사랑을 잃었기 때문이었을까? 아니면 저승에서나마 사랑을 이루고 싶었던 것일까? 클라라가 떠난 이후 브람스는 건강이 급격히 약해져 간암으로 몸져눕더니 이듬해 봄 클라라의 뒤를 따라 눈을 감았다.

그리고 그의 주검은 빈 중앙묘지에 영원히 잠들었다.

브람스는 독실한 프로테스탄트(개신교) 신자였다. 그래서 후대에 그의 음악을 평가할 때 종교적 영향으로 대부분의 음악이 무겁고 장중한 느낌을 준다고 말한다. 하지만 그보다는 평생 이루어질 수 없는 사랑으로 고뇌했던 그의 삶이 그의 음악에 더 큰 영향을 미친 것은 아닐까?

브람스의 한 사람만을 위한 헌신과 사랑은 일순간 불꽃처럼 타올랐다 사그라지는 그런 사랑은 분명 아니다. 브람스 자신도 처음에는 존경이라는 표현으로 감추려 했지만 스스로 이것이 사랑임을 분명 인정했다. 다만 그 사랑을 자신만의 방법으로 평생토록 지켜나갔다. 마치 낭만주의 화려함보다는 고전주의 전통을 고집스럽게 지키며 자신의 영역을 완성한 '브람스의 음악'처럼 말이다. 사랑이라는 말이 너무도 쉬워진 요즘 비록 이루어지지는 못했지만 평생을 변함없이 한 사람만을 바라보며 살아온 브람스의 순애보가 필요한 때가 아닐까 생각한다. 그런데 슈만과 클라라 그리고 브람스의 사랑 이야기에는 잘 알려지지 않은 한 가지 순애보가 더 숨어 있다.

브람스를 향한 클라라의 마음은 정말 어땠을까? 클라라는 77년의 생애 중 16년의 결혼 생활 동안 슈만을 사랑했고, 40년이 넘는 시간 동안 브람스와 가장 가까운 사람이었다. 브람스의 마음을 받아줄 법도 했지만 클라라는 끝까지 브람스의 마음을 받아주지 않았다. 그런데 그것은 주위의 환경과 시선, 남편의 제자와 사랑에 빠지는 것에 대한 도덕적인 문제가 아니었다. 바로 클라라는 슈만 한 사람만을 향한 순애보를 평생

클라라와 슈만의 합장 무덤. 클라라는 죽기 전 "묘비에 나의 이름을 새겨 넣는 대신 무사의 모습으로 영원히 슈만을 추앙하겠다"라는 유언을 남겼다.

간직했던 것이다. 클라라의 시신은 슈만의 묘지에 함께 묻혔고, 두 사람의 묘지에는 오직 슈만의 이름만 커다랗게 새겨져 있다.

> 묘비에 나의 이름을 새겨 넣는 대신 무사Mousa(뮤즈)의 모습으로 영원히
> 슈만을 추앙하겠다.

임종 직전에 클라라가 남긴 마지막 유언이었다. 이와 같이 클라라는 40년 전에 먼저 세상을 떠난 남편에 대한 사랑이 평생 한결같았음을 고백했다. 슈만과 클라라 그리고 브람스, 세 사람 모두 누구보다 상대를 평생토록 사랑했다. 안타깝게도 슈만은 조금 일찍 세상을 떠났고, 클라라와 브람스는 사랑의 대상이 서로 달랐을 뿐이다.

"그에게는 음악만이 정치였으며 권력을 향한 통로였다.
그는 재즈라는 예술로 미국을 정복하고 싶었고 동시에 미국을 능멸하고 싶어 했다.
마치 그가 여성을 대했을 때처럼 말이다."

영원한
갈구의 대상,
재즈 그리고
여자

Musicians In Love

마일스 데이비스 & 여자들 **황덕호**

글쓴이 **황덕호**

재즈에 관한 글을 쓰며 살고 있다. 1992년부터 1995년까지 음반사의 마케팅 담당자로 일
하면서 여러 잡지에 재즈에 관련된 글을 쓰기 시작했다. 1999년부터 현재까지 KBS 클래식
FM(93.1MHz)에서 〈재즈수첩〉을 진행하고 있으며, 경희대학교에서 〈재즈 음악사〉를 가르치
고 있다. 저서로 《그 남자의 재즈 일기》 《당신의 첫 번째 재즈 음반 12장》 《당신의 두 번째 재
즈 음반 12장》이 있으며 옮긴 책으로 《재즈, 평범한 사람들의 비범한 음악》 《재즈 Jazz》 《빌
에반스》 등이 있다.

마일스 콤플렉스

1991년 5월, 마일스 듀이 데이비스Miles Dewey Davis III, 1926~1991는 예순다섯 번째 생일을 맞이했다. 당시 그의 연인이자 화가였던 조 겔바드Jo Gelbard, 1952~는 뉴욕 센트럴파크에 위치한 대형 사교장을 빌려 마일스와 친분이 있던 많은 사람을 초대했다. 하지만 조의 마음은 이미 마일스를 떠나 있었다. 강압적이고 심지어 폭력적인 행동을 취하고 그럼에도 응석과 어리광을 통해 끊임없이 애정을 확인하려는 마일스의 모습에 조는 지칠 대로 지쳐 있었다. 심지어 당시 마일스는 그의 그림을 매매해주던 미술 중개상 조앤 너리노와 깊은 관계를 맺고 있었다(마일스는 1970년대 중반부터 그림에 몰두했다).

마일스와 조의 갈등은 결국 파티 장소에서도 불거졌다. 조의 증언에 의하면 두 사람은 연회장을 벗어나 리무진에 들어가 말다툼을 했고 급기야 마일스는 차 안에서 조를 구타하기 시작했다. 조는 비명을 지르고

마일스 데이비스. 그는 재즈라는 예술로 미국을 정복
하고 싶어 했으며 동시에 능멸하고 싶어 했는데, 이는
여성을 대하는 태도와 같았다.

문을 열고 나와 신발도 신지 않은 채 맨발로 집까지 뛰어가야 했다(존 스
웨드, 《마일즈 데이비스》, 김현준 옮김, 그책, 714쪽, 이후 《마일즈》로 표기함).
7년간 유지됐던 두 사람의 관계는 이제 막바지를 향해가고 있었다.

하지만 결과적으로 두 사람 사이를 갈라놓았던 것은 불화가 아니었
다. 그해 8월 25일 마일스는 캘리포니아 할리우드 볼에서 공연을 한 뒤
샌타모니카에 머물렀는데 9월 초 주말부터 갑자기 피를 토하기 시작했
다. 20대부터 끊임없이 약물과 알코올을 복용해 그의 건강은 오래전부
터 만신창이가 돼 있었다. 조 겔바드는 곧바로 그를 샌타모니카 건강 보
호 센터에 입원시켰지만 마일스의 생명은 이미 서산을 넘어가고 있었
다. 병원에서 몇 차례 뇌졸중을 일으켰던 그는 폐렴 등 합병증으로 9월
28일 눈을 감았다.

그의 장례식은 사망 일주일 뒤인 10월 5일 뉴욕 성 베드로 교회에서
성대하게 열렸다. 그와 같이 활동했던 수많은 재즈 연주자와 팬이 함께

했고 뉴욕 시장인 데이비드 딘킨스와 아프리카계 미국인 사회를 이끌었던 제시 잭슨 목사가 이날 추도사를 낭독했다. 하지만 이들 유력 인사는 생전의 마일스와 친분이 있던 사람들은 아니었다. 반면에 그의 생을 마지막까지 챙겼던 조 겔바드의 이름은 추도식 주최자 명단에 '당연히' 들어 있지 않았다. 그 자리에는 '법적으로' 마일스의 첫 번째 부인이었던 프랜시스 테일러Frances Taylor, 1929~와 세 번째 부인이었던 시슬리 타이슨Cicely Tyson, 1924~만이 쓰여 있었다. 마일스가 살아 있다면 그는 과연 이 전처들을 보고 싶어 했을까? 마일스를 잘 아는 사람이라면 그런 기대는 하지 않았을 것이다. 마일스는 두 전처와 심각한 갈등 끝에 이혼했고 그들 사이에서는 한 명의 자녀도 낳지 않았으니 말이다. 두 번째 부인이었던 베티 매브리Betty Mabry, 1945~와의 사이도 마찬가지였다.

마일스가 낳은 네 명의 자녀는 모두 혼외 관계에서 태어났다. 그리고 그들에 대한 양육 의무 불이행으로 마일스는 소송과 구속을 겪어야 했다. '실질적인' 부인들이 추도식에 참석했는지는 모르지만 응당 평범한 장례식에 있어야 할 가족의 애도는 아마도 그날 그리 따뜻한 온기를 내지 못했을 것이다.

마일스 데이비스가 만든 어색한 장례식 풍경은 이전에도 있었다. 그 풍경은 공교롭게도 그에게는 가장 중요했던 그의 부모의 장례식에서 펼쳐졌다. 그의 자서전에 의하면 1962년 그의 아버지가 임종을 앞뒀을 때 그는 아버지가 계신 이스트세인트루이스로 찾아갔다. 그때 아버지는 마일스에게 한 장의 쪽지를 건넸다. 하지만 그는 그 쪽지를 읽지 않고 아내 프랜시스에게 무심코 맡겼는데 임종 직후에 쪽지를 보니 그곳에는 아버지가 보내는 마지막 작별 인사가 적혀 있었다. 이때 마일스는 미리 그 작별 편지를 읽지 않은 것에 대해 깊은 슬픔과 후회 그리고 죄책감에 빠졌다(마일스 데이비스·퀸시 트루프, 《마일스 데이비스》, 성기완 옮김, 집사재, 356쪽, 이후 《자서전》으로 표기).

하지만 1962년 5월 장례식이 거행됐을 때 정작 마일스가 보여준 행동은 이해하기 어렵다. 그 슬픔의 와중에서도 마일스는 장례식에 아내 프랜시스와 동행하지 않고(당시 마일스와 프랜시스의 관계는 이미 좋지 않았다) 당시 그와 교제 중이던 새로운 여인 베벌리 벤틀리^{Beverly Bentley}를 데리고 나타났다. 물론 그 동행이 공개적이지는 않았다. 아내 프랜시스는 따로 이스트세인트루이스로 내려갔고, 합법적으로 결혼은 하지 않았지만 마일스 최초의 연인이자 사실혼 관계에 있었고 마일스와의 사이에서 2남 1녀를 둔 아이린 버스^{Irene Birth, 1923~?}(《마일즈》를 비롯한 몇몇 자료에는 코손^{Cawthon}이라는 성으로 쓰이기도 한다)가 장례식에 참석했다. 마일스는 이들과 어머니의 눈을 피해 베벌리를 시내 한 호텔에 투숙시켜야만 했다(《마일즈》, 260쪽). 그렇게까지 하면서 마일스는 굳이 왜 그녀를 아버지 장례식에까지 데리고 갔을까? 두 사람은 하루라도 떨어질 수 없을 만큼 사랑하는 사이였을까? 베벌리는 이 기회에 마일스의 사랑을 시험하고 싶었던 것일까? 아니면 마일스는 자신이 잠시 떨어졌을 동안 베벌리의 행동을 믿지 못해 그녀를 장례식까지 데리고 간 것일까? 지금으로서는 누구도 알 수 없는 일이다.

아버지가 타계한 지 2년 뒤에 어머니도 세상을 떠났다. 그의 부모는 모두 이스트세인트루이스에서 살았고 그곳에서 생을 마감했지만, 이미 일찍이 이혼을 했고 재혼으로 각각 새로운 가정을 꾸리고 있었다. 그런데 마일스는 어머니의 장례식에 참석하지 못했다. 그와 프랜시스는 뉴욕에서 이스트세인트루이스로 가는 비행기에 탑승했지만 엔진 문제로 비행기가 회항하는 바람에 다시 뉴욕으로 돌아와야 했다. 마일스는 이러한 사건을 자신은 이스트세인트루이스로 가면 안 된다는 징조라고 여겼고 결국 장례식에 아내만 홀로 보냈다. 물론 그는 장례식에 참석하지 못한 자신을 원망하며 통곡했다고 한다(《자서전》, 368쪽). 그러한 결정을 내린 그의 직관을 타인이 섣불리 판단하기는 어렵다. 하지만 그가 어린 시절부터 어머니와 그리 원만한 관계로 지내지 못했다는 사실은 어머니 장례식에 참석하지 않은 그리 일반적이지 않은 행동을 조금은 이해할 수 있게 해준다.

더 나아가 그가 어린 시절부터 느꼈던 모성애 결핍은 그의 여성 편력과 어김없이 되풀이된 여성에 대한 편집증과 폭력에 어떤 영향을 주지는 않았을까? 만약 그 점이 사실이라면 아버지의 장례식에 내연녀와 동행하고 어머니의 장례식에는 불참했던 그의 기이한 행동은 하나의 줄기를 타고 마일스 본인의 기이한 장례식 풍경으로 고스란히 이어진다. 생의 마지막에 가장 가까웠던 사람은 불참하거나 뒷전에 물러나 있고 소원했던 전처들만이 앞줄에 앉아 있었던 기이한 장례식.

마일스가 어린 시절부터 어머니와 관계가 좋지 못했던 것은 어머니의 무관심이나 냉대 때문은 아니었다. 오히려 반대로 어머니의 지나친 집착에서 비롯됐다고 해야 할 것이다. 그의 어머니는 마일스가 자신의 뜻에 따라 성장하기를 원했고 그래서 음악 하는 것을 탐탁지 않게 여겼다. 어머니는 마일스가 그의 아버지처럼 치과 의사가 되기를 원했다. 그러면서 늘 "예술가는 가난해"라는 말을 입버릇처럼 했다고 마일스의 동생 버넌 데이비스Vernon Davis, 1929~1999는 증언했다. 어머니의 그러한 태도는 마일스가 유명 연주자가 된 후에도 변하지 않았다. 버넌은 이 점에 대해 덧붙였다.

> 어머니는 형이 음악 활동 하는 것을 좋아하지 않았습니다. 라디오에서 형의 연주가 흘러나올 때마다 얘기해도 어머니는 '그래?' 하는 한 마디만 하고 나서는 하던 청소를 계속할 뿐이었어요. 하루는 형이 연주하는 것을 직접 듣기 위해 나이트클럽에 어머니를 모시고 간 적이 있었습니다. 정말 좋은 연주였죠. 하지만 어머니는 그냥 자리에 앉아 듣기만 할 뿐 단 한 마디도 하지 않았어요. 《마일즈》, 40쪽

마일스는 열일곱 살, 고등학교 시절부터 이스트세인트루이스의 로컬 밴드에서 직업 연주자로 활동했다. 물론 그러한 활동에 아버지는 관대했고 어머니는 못마땅해했다. 그가 직업 무대에서 활동하자 그의 연주를 들은 서니 스팃Sonny Stit, 1924~1982과 하워드 맥기Howard McGhee, 1918~1987(이들은 훗날 마일스와 더불어 비밥bebop의 새로운 기수로 떠오른 연주

1947년 9월, 피아노 앞에 앉은 마일스. 하워드 맥기가 트럼펫을 부르고 있다. 하워드 맥기는 훗날 마일스와 함께 비밥의 새로운 기수로 떠오른다.

자들이다)는 마일스에게 학교를 중퇴하고 여러 지역에 순회공연을 다니는 타이니 브래드쇼 밴드에 들어오라고 권유했다. 마일스는 날아갈 듯 기뻤으나 어머니는 결사반대했다. 마일스와 어머니의 논쟁은 며칠째 계속됐고 그러던 중 어머니가 마일스의 뺨을 때리자 마일스도 어머니의 등을 때리기도 했다(《마일즈》, 56쪽).

그 시절 마일스가 어머니에게 손을 댔다는 이야기는 버넌의 증언에서 또 한 번 등장한다. 1944년, 그러니까 마일스가 열여덟 살 때 그의 부모는 별거에 들어갔다. 직접적인 계기는 아버지의 바람이었다. 이 일로 세 자녀는 모두 어머니와 살고 있었는데 얼마 후 어머니가 아버지와 완전히 이혼하겠다고 아이들에게 이야기하자 화가 난 마일스는 어머니의 뺨을 때리고 만다(《마일즈》, 37쪽).

이런 마일스의 행동은 아들에 대한 어머니의 불신을 키웠다. 1959년 마일스 데이비스가 이미 재즈계의 정상을 밟던 시절, 그는 맨해튼 버드랜드 클럽 근처에서 경찰과의 사소한 시비 끝에 연행되고 만다. 이때 마일스는 경찰 곤봉에 머리를 맞아 다섯 바늘을 꿰매는 부상을 당했다. 언론은 이 사건을 대대적으로 보도했다. 하지만 그러한 사건이 벌어지기까지의 과정을 놓고 마일스와 경찰의 진술은 서로 엇갈렸다. 경찰은 마일스가 먼저 자신들에게 위협적으로 행동했다고 주장했고 마일스는 무방비 상태로 가만히 있는 자신을 경찰이 제압했다고 주장했다. 두 차례의 공판 결과 마일스에게는 무죄가 선고됐고 무고한 시민을 체포한 뉴욕 경찰에 대한 여론의 비난은 거세졌다. 하지만 그 과정에서 마일스에게 가장 상처를 입힌 것은 어머니의 한마디였다. "이 어미에게 사실대로 말해보렴. 네가 경찰을 때린 게 맞지?"(《마일즈》, 323쪽)

마일스는 사내아이들을 마치 당시의 여자아이처럼 손아귀에 넣고 순종적으로 키우려는 어머니의 양육 방식이 동생 버넌을 동성애자로 만들었으리라는, 근거 없는 생각을 하고 있었다(《자서전》, 37쪽). 하지만 정작 어머니의 요구에 순응하지 않은 마일스 자신은 여성에게 인정받으려는 욕망과 여성을 증오하고 제압하려는 욕망이 내면에서 모순되게도 동시에 성장했다는 사실을 그리 자각하지 못했던 듯싶다.

물론 이 글은 마일스 데이비스라고 하는 위대한 재즈 음악가의 예술을 모성 혹은 여성 콤플렉스의 관점에서 바라보려는 것이 아니다. 마일스의 탁월한 음악은 무엇보다도 자신의 한계를 극복하려는 그의 '전략'

에서 나온 것이며, 그 결과로 자신에게 필요한 조연(사이드맨)을 꼼꼼하고 예리하게 가려낸 데에서 만들어진 성과였다. 혼자 하는 연주가 아닌, 자유로운 즉흥 연주가 한데 어우러지는 밴드 음악이 재즈라는 점을 감안할 때, 모든 위대한 재즈 음악가는 예외 없이 사이드맨을 탁월하게 선발했던 감식안의 소유자였고, 그 점에서 마일스는 누구보다도 탁월했다.

더 나아가 마일스가 1950년대 초부터 세상을 떠나는 1990년대 초반까지 40년 동안 재즈 흐름 자체를 일궈가면서 스타일의 주도권을 놓치지 않을 수 있었던 힘은 선두 자리를 뺏기지 않으려는, 누구보다 강렬한 열망이 있었기 때문이다. 특히 1970년을 전후해서 그가 재즈계의 온갖 비난을 감수하면서도 택했던 록, 펑크funk 비트와 전기 사운드는 "마일스가 재즈를 죽인다"라는 세평과는 달리 재즈의 생명을 연장시킨 활로였다. 당시 록과 블루스에서 탁월한 즉흥 연주를 구사하는 연주자(특히 기타리스트)가 나온다 한들 그 영역의 정점에는 여전히 재즈가 있다는 점을 말하고 싶었던 것이다. 이는 마일스의 권력 의지의 표현이었다. 다시 말해 그는 새로운 세대의 록, 음반 업계, 더 나아가 백인 주류 사회가 보는 앞에서 재즈가 조용히 뒷방으로 물러앉는 게 죽기보다 싫었던 사람이다. 그는 백인이 주도권을 쥔 미국이라는 사회에서 반드시 승리하고 싶었으며 인정받고 싶었고 동시에 그 사회를 냉소하고 경멸했다. 그것은 여성에 대한 그의 태도와 매우 유사했다. 그는 미국과 여성을 갈망함과 동시에 멸시했던 것이다.

마일스는 자부심의 인간이었다. 1926년 일리노이 주 올턴에서 태어난 그는 이듬해 같은 주에 있는 이스트세인트루이스로 이사 가서 그곳에서 성장했다. 마일스 집안은 명석하고 사업 수완이 좋았던 그의 할아버지 때부터 재산을 축적했으며 그것을 기반으로 마일스의 아버지는 의대에 입학해 당시로서는 보기 드문 흑인 치과 병원을 운영하고 있었다. 마일스는 유복했으며 그의 집안을 자랑스럽게 여겼다. 하지만 그는 점차 성장하면서 가정의 울타리를 벗어나 미국이라는 사회의 실체를 들여다봤다. 그리고 그는 자존심에 상처를 입었다. 아프리카계 미국인, 좀 더 노골적으로 이야기하자면 '검둥이'라는 낙인이 찍혀 부당한 차별을 받아야 하는 현실을 경험하면서 그는 그가 속한 미국을 저주하게 됐다. 그의 자서전이 여과되지 않은 욕설로 가득 채워져 있는 것은 바로 이 때문이다.

마일스는 그리 정치적인 사람은 아니었다. 그의 동료였던 찰스 밍거스Charles Mingus, 1922~1979, 맥스 로치Maxwell Roach, 1924~2007, 서니 롤린스Sonny Rollins, 1930~가 정치적인 문제에 대해 노골적으로 발언하고 음악적으로 표현했던 반면에 마일스 데이비스는 만년에 자서전을 발표하기 전까지 그러한 문제를 발언한 적이 없었다. 그는 자서전에서 마틴 루서 킹의 비폭력 무저항주의를 반대한다고 밝혔지만 그는 본질적으로 개인주의자였고 오로지 음악으로 흑인의 우월성을 이야기하고 싶어 했다. 굳이 말하자면 그에게는 음악만이 정치였으며 권력을 향한 통로였다. 그는 재즈라는 예술로 미국을 정복하고 싶었고 동시에 미국을 능멸하고 싶어 했다. 마치

1991년 '북해 재즈 페스티벌' 무대
에 선 마일스 데이비스.

그가 여성을 대했을 때처럼 말이다.

　이러한 이유로 끊임없이 변신을 거듭했던 그의 음악 작업은 끊임없
이 이어졌던 그의 여성 편력과 때때로 만났고 때로는 조화를, 때로는 충
돌을 빚었다. 따지고 보면 이들은 모두 마일스 내부에서 나온 것이기는
하지만.

레이지 수전

마일스 데이비스가 처음 트럼펫을 불게 된 것은 열두 살 때 선생님의 권
유 때문이었다. 처음부터 마일스가 트럼펫에 흥미를 느끼자 이듬해에
아버지는 마일스에게 첫 트럼펫을 사주었고 자신의 친구이자 지역에서
트럼펫 교사로 명망이 높은 엘우드 부캐넌 선생에게 마일스를 위탁했
다. 마일스는 이때부터 음악가가 되겠다는 꿈을 키웠고 동시에 어머니

와의 갈등도 시작됐다. 어머니 역시 음악을 좋아했지만 마일스가 취미와 교양으로 음악을 배우기 원했고 악기도 트럼펫이 아닌 바이올린을 연주하길 바랐다. 마일스는 이때부터 어머니와 자신의 갈등이 마치 비탈진 내리막길을 달리듯 걷잡을 수 없었다고 말했다(《자서전》, 37쪽).

마일스가 이성에 눈을 뜨기 시작한 시기는 이로부터 3년 뒤인 열여섯 살 때다. 같은 고등학교에 다니던 아이린 버스에게 사랑을 느낀 것이다. 둘은 급속도로 가까워졌고 떨어질 수 없는 사이가 됐다.

세 살 위의 아이린은 아마도 마일스보다 세상 물정에 밝았던 것 같다. 마일스가 늘 음악가가 되고 싶다고 이야기하자 아이린은 주저하지 말고 당시 이스트세인트루이스에서 가장 명망이 높았던 에디 랜들에게 전화하라고 마일스를 부추겼다. 아이린의 집에 놀러 갔던 어느 날 마일스는 그녀가 시키는 대로 에디 랜들에게 전화를 했고 이를 통해 오디션 약속을 잡은 뒤 에디 랜들 오케스트라의 트럼펫 주자로 입단하게 됐다. 이 밴드는 마일스가 직업 연주자로서 첫발을 내딛은 곳이다.

이듬해인 1944년, 열여덟 살의 마일스는 성인으로 가는 진입로에서 두 가지 중요한 선택을 해야 했다. 하나는 아이린과의 사이에서 첫아이인 셰릴이 탄생한 것이다. 아버지는 더 이상 아이린과 지내지 말라고 요구했으나(아버지는 그 아이가 마일스의 아이가 아닐 수도 있다고 생각했다) 마일스는 아이린과 셰릴을 책임지기로 굳게 결심했다. 그들은 비록 결혼은 하지 않았지만 이제 실질적인 부부로 인정받아야 했다.

둘째로 그는 음악가가 되고 싶은 열망에 사로잡혔는데, 구체적으로는 뉴욕에서 활동하는 비밥 연주자가 되는 것이었다. 그리고 결정적인 계기는 그해에 세인트루이스에서 열린 빌리 엑스타인Billy Eckstine, 1914~1993 오케스트라 공연이었다. 이때 고등학교를 막 졸업한 마일스는 미시시피 강 건너 세인트루이스에 가서 그들의 공연을 봤다. 이때의 느낌은 그의 자서전 첫 장에 이렇게 쓰여 있다. "씨발, 죽여줬다. 그 미친 연주가 내 속에 확 불을 질렀다"(《자서전》, 5쪽). 그럴 수밖에 없었다. 당시 빌리 엑스타인 오케스트라에는 이제 곧 비밥의 혁명을 일으킬 두 주인공 디지 길레스피Dizzy Gillespie, 1917~1993와 찰리 파커Charles Parker, 1920~1955가 몸담고 있었기 때문이다.

내가 저 무대 위에 올라가서 저들과 함께 연주할 수만 있다면!

마일스는 어떻게 하든 그들이 모여 있는 뉴욕에 가기로 마음먹었다. 잘 알려졌다시피 마일스가 뉴욕에 위치한 줄리아드 음악학교에 입학한 것은 뉴욕에서 비밥 연주자들을 만나기 위한 구실에 지나지 않았다. 대학에 진학한다고 해야 부모님, 특히 어머니에게 뉴욕행을 허락받을 수 있었기 때문이다. 줄리아드에 입학한 마일스는 비록 얼마 후에 곧 중퇴하고 말지만 아이린과 가정을 꾸리고 비밥의 세계로 뛰어드는 성인의 관문을 성공적으로 통과했다.

이후로 마일스는 곤궁했던 재즈 음악가의 삶을 두 눈으로 목격했고 또 몸소 경험했지만 새로운 음악에 대한 도전 그리고 첨단의 도시 뉴욕에서 자신이 점차 인정받고 있다는 사실에 그런대로 만족하며 살 수 있었다. 물론 그는 여전히 생활비를 아버지에게 의존했고, 아이린은 협소한 주거 공간과 가난 때문에 셰릴과 둘째 아이 그레고리를 데리고 뉴욕과 이스트세인트루이스를 수시로 오가며 생활해야 했다. 하지만 마일스는 젊은 음악가로서 이 모든 것을 견뎌낼 수 있었다. 1947년 마일스가 다시 뉴욕으로 온 아이린과 생활했을 때 만든 첫 리더 녹음 중 〈벨의 술집에서 홀짝이며Sippin' at Bell's〉는 아이린과의 행복한 시간을 그린, 젊은 비바퍼의 의욕적인 작품이다.

하지만 이때부터 마일스는 한편으로 가족과 누구보다 자기 자신을 괴롭히는 악습에 점점 젖어들기 시작했다. 자서전에 의하면 그는 1945년부터 술과 담배를 가까이하기 시작했고, 1947년부터는 코카인을 복용했다. 술과 담배, 코카인은 거의 반세기 가까운 시간 동안 마일스의 신체에 들러붙어 그에게 잠재돼 있던 열등감, 의심, 분노, 폭력성을 키웠다.

그러는 가운데 1949년 초 마일스는 피아니스트 태드 대머런Tadd Dameron, 1917~1965과 5중주단을 결성해 파리에서 열린 국제 재즈 페스티벌 무대에 서게 된다. 그곳에서 마일스는 재즈 음악인을 예술가로 존중해주며, 인종 차별을 거의 느낄 수 없었던 파리의 분위기에 완전히 매료됐다. 그리고 무엇보다도 가수이자 배우인 쥘리에트 그레코Juliette Gréco, 1927~를 만나 깊은 사랑에 빠지게 된다. 훗날 마일스는 쥘리에트를 "동등한 인격체로 사랑한 첫 여자"라고 회상했다(《자서전》, 172쪽).

1947년, 마일스 데이비스(오른쪽)와 테너 색소
폰 연주자 콜먼 호킨스(왼쪽). 1945년부터 술과
담배를 가까이하던 마일스는 1947년부터는 코
카인을 복용했다. 술과 담배 그리고 코카인은
그에게 잠재된 열등감, 의심, 분노, 폭력성을 키
웠다.

마일스와 쥘리에트가 파리에서 만났던 기간은 단 2주에 불과했다. 이
미 파리에 정착하고 있던 드러머 케니 클라크Kenny Clarke, 1914~1985는 마일
스에게 파리에서 살 것을 권유했다. 뉴욕에 돌아가면 아무것도 바뀐 것
이 없으리라고 이야기하면서 말이다. 정말 그랬다. 파리에서 국제적인
예술가로 대접받던 마일스는(그는 사르트르와 친분을 맺었다) 뉴욕에 돌
아오자 다시 보잘것없는 '검둥이'가 된 자신을 발견했다. 비밥은 그냥
소수만이 듣는 전위 예술일 뿐이었다. 비밥을 바탕으로 그가 창안해낸
'쿨' 재즈는 백인 연주자에게 모방돼 그들에게만 명예를 안길 뿐 마일스
와 그의 동료들은 일거리 하나 잡기도 어려운 현실이었다. 스물세 살의
젊은 마일스는 여전히 자신감에 차 있었으나 그 자신감은 자신을 속였
다. 한쪽에서 밀려오는 상실감을 외면한 채 자신을 빠르게 나락으로 떨

마일스가 "동등한 인격체로 사랑한 첫 여자"라고 회
상했던 쥘리에트 그레코.

어뜨렸다. 쥘리에트에 대한 그리움을 이기지 못하고 그는 할렘의 사창
가를 드나들었으며, 어떤 약물보다도 중독성이 강한 헤로인을 자신의
혈관 속으로 밀어 넣었다. '난 이래도 괜찮다. 다시 일어설 수 있다'(《자
서전》, 175~176쪽). 그에겐 강한 자부심과 열패감이 공존했던 것이다.

　마일스가 쥘리에트를 다시 만난 때는 5년 뒤인 1954년이었다. 그토
록 그리워했으면서도 5년의 세월을 보냈던 이유는 급속도로 진행된 헤
로인 중독으로 그의 삶이 엉망진창이 됐고 그사이에 수많은 여성을 만
나면서 여자를 대하는 기이한 태도를 지니게 됐기 때문이다. 한 예로
마일스는 5년 만에 쥘리에트를 만났을 때 이해하기 어려운 행동을 했
다. 그해 쥘리에트는 영화 촬영을 위해 뉴욕을 방문했고 마일스는 그녀
가 묵고 있는 호텔로 찾아갔다. 하지만 그는 냉정을 지키기 위해 드러
머 아트 테일러^{Art Taylor, 1929~1995}와 함께 갔다. 쥘리에트는 만나자마자
마일스에게 키스를 하면서 반가움을 표시했다. 하지만 뒤에 서 있는 아

트를 보고는 곧장 경직된 표정을 지었다. 마일스는 다짜고짜 쥘리에트에게 말했다. "돈 좀 줘. 지금 당장 돈이 좀 필요해." 그러자 그녀는 지갑에 있던 현금을 몽땅 마일스에게 쥐어주었다. 어색한 시간이 얼마간 흐르자 마일스는 이제 가보겠다고 자리에서 일어섰다. 그러자 쥘리에트가 묻는다.

"마일스, 정말 다시 올 거야?"

"야, 이년아 닥쳐. 내가 나중에 연락한다고 했잖아!"

여성을 갈망하는 동시에 능욕하고 싶은 그의 모순된 기질이 이 대목에서 확연히 드러난다. 마일스는 자신이 이런 행동을 한 것은 쥘리에트를 만났을 때의 두려움을 감추기 위해서이기도 했지만 약쟁이 시절에 몸에 밴 기둥서방 습관 때문이라고 말했다(《자서전》, 254쪽).

마일스와 함께했던 아이린은 헤로인 중독자가 된 그를 참지 못하고 결국 1950년 이스트세인트루이스로 다시 내려갔고(뉴욕에서 지낼 때 그녀를 돌본 사람은 보컬리스트 베티 카터Betty Carter, 1929~1998였다) 마일스는 수많은 여성과 관계를 맺기 시작했다. 아이린은 이스트세인트루이스에서 마일스의 세 번째 아이 마일스 4세를 낳았다.

그 당시 마일스가 만나던 여성은 대부분 예술을 애호하는 자산가 부인이나 상류층을 상대하는 화류계 여성이었다. 그들은 마일스에게 경제적인 도움을 주었는데, 헤로인 중독으로 돈이 늘 갈급했던 마일스로서는 그러한 여성이 꼭 필요했다. 마일스는 자신에게 용돈을 주는 여성이 한 트럭은 됐으리라고 말했다(《자서전》, 218쪽). 그중에서 마일스가 배우

킴 노백을 닮았다고 표현한 수전 가비는 특별히 가까웠던 화류계 여성이다. 마일스는 그녀를 '레이지 수전'이라고 불렀는데 1954년 녹음한 화사한 분위기의 4중주 〈레이지 수전Lazy Susan〉은 그녀에게 바친 작품이다.

상류층이나 화류계 여성들에게 기생하는 예술가의 모습은 그리 특별하지는 않다. 우리는 근대 유럽은 물론이고 조선의 예술사에서도 그러한 예를 셀 수 없을 만큼 자주 보았다. 단란한 가정과 안정된 주거는 죽음이라는 생각은 오랫동안 예술가들이 공유했던 가치였고 젊은 시절의 마일스도 이러한 생각을 품고 있었다.

세 자녀를 낳은 아이린은 마일스의 법적 부인이 아니었기에 1950년 이후 관계는 자연스럽게 끝이 났다. 물론 자녀 양육 불이행에 따른 아이린의 고소로 마일스는 1955년 구속된 적이 있고 그의 사망 이후에도 재산 상속 문제가 남아 있긴 했지만 말이다. 마일스의 이해할 수 없는 행동에도 불구하고 마일스와 쥘리에트는 이전 같은 연인 관계는 아니지만 오랫동안 친구 사이를 유지했다. 물론 쥘리에트와 우정을 나누었다고 해서 파리에 마일스의 또 다른 연인이 없었던 것은 아니다. 1956년 마일스가 올스타 밴드와 함께 유럽 투어에 나섰을 때 그는 파리에서 피아니스트 르네 위르트레제René Urtreger, 1934~의 누나 자네Janet Urtreger를 만났다. 자네를 만났기에 이후 2~3년 동안 마일스는 파리에 들렀을 때도 쥘리에트에게 연락하지 않았다. 마일스는 말했다. "그건 어느새 잊혀진 과거 같았지"(《마일즈》, 243쪽).

프랜댄스

1953년 9월 마일스 데이비스는 찰스 밍거스, 맥스 로치와 함께 뉴욕에 서부터 차를 몰고 미국 대륙을 횡단해 캘리포니아 주에 도착했다. 여전히 그들은 뉴욕에서 별다른 기회를 잡지 못했고, 특히 마일스는 헤로인 그물에서 벗어나지 못하고 있었다. 그러던 중 그들은 캘리포니아 허모사비치에 있는 클럽 라이트하우스에서 출연 제의를 받았고 오랜만에 서부 지역에서 연주할 기회를 잡았다.

하지만 이 투어에서 가장 중요한 일은 따로 있었다. 마일스가 훗날 그의 첫 번째 부인이 될 프랜시스 테일러를 만난 것이다. 당시 캐서린 던햄 무용단에서 무용수로 있던 프랜시스는 한 갑부에게 값진 선물(아마도 보석이었던 것 같다)을 받았는데, 마일스는 그 선물을 전달하던 버디라는 보석 공예가와 동행했다가 프랜시스를 처음 보게 됐다. 물론 그들은 첫 눈에 호감을 느꼈지만 뉴욕으로 곧 돌아가야 하는 마일스는 더 이상 그녀를 만날 기회가 없었다.

두 사람의 인연은 5년 뒤 다시 이어졌다. 새미 데이비스 주니어 주연의 뮤지컬 〈미스터 원더풀Mr. Wonderful〉에 출연했던 프랜시스는 공연을 위해 뉴욕에 왔다가 5년 만에 마일스를 다시 만난 것이다. 프랜시스는 5년 전에 마일스를 잠깐 만났던 일을 기억했고 마일스는 뮤지컬 〈남태평양South Pacific〉에 나오는 대사로 자신의 마음을 표현했다. "이제 당신을 찾았으니 절대 떠나보내지 않으리"(《마일즈》, 258쪽).

마일스가 그녀에게 적극적으로 접근할 수 있었던 이유는 5년 사이에 그가 자신감을 회복한 것이 한몫했을 터이다. 1953년에 그는 헤로인 중독에서 가까스로 벗어났고(물론 코카인은 계속 복용했다) 1955년에는 메이저 음반사인 컬럼비아레코드와 계약함으로써 명실공히 최고의 재즈 연주자로 손꼽히기 시작했기 때문이다. 그 무렵 프랜시스는 같은 무용단 무용수였던 전남편과 이혼 절차를 밟고 있었다. 1960년 12월에 이르러 마일스와 프랜시스 두 사람은 정식으로 결혼했다.

프랜시스는 자상하고 따뜻한 여인이었다. 마일스가 인정했듯이 그가 안정을 되찾고 길거리 생활에서 벗어날 수 있었던 것은 프랜시스 덕분이었다. 마일스가 많은 여자 중에서 그녀를 특별하게 여긴 이유는 이 때문이다(《자서전》, 314쪽). 아울러 프랜시스가 무용수였던 만큼 마일스는 그녀에게 많은 영감을 얻었다. 1958년 5월 26일 마일스 데이비스 섹스텟이 녹음한 〈프랜댄스Fran Dance〉는 프랜시스에게 바친 곡으로 마일스의 스타일이 이미 완벽하게 완성됐다는 점을 확인할 수 있다. 그의 싸늘한 하몬 뮤트 트럼펫은 이 아름다운 중간 템포의 작품에서 역설적이게도 사랑스러운 온기를 발산한다. 이러한 곡을 당시 마일스 밴드의 리듬 섹션을 이뤘던 빌 에번스Bill Evans, 1929~1980, 폴 체임버스Paul Chambers, 1935~1969, 지미 코브Jimmy Cobb, 1929~ 만큼 적절히 표현해낼 수 있는 팀은 당대 하드밥 밴드 안에서는 결코 찾을 수 없다.

두 사람이 다시 만나고서 얼마 후 프랜시스는 뉴욕 시티 홀에서 뮤지컬 〈포기와 베스Porgy and Bess〉에 무용수로 참여했다. 그 공연을 본 마일스는 이 뮤지컬을 연주곡으로 만들겠다는 생각을 했고, 그해에 길 에번스의 빅밴드 편곡으로 동명의 음반을 녹음했다. 이 명반은 후에 '포기와 베스'라는 제목으로 녹음된 수많은 재즈 앨범의 시발점이 됐다. 아울러 마일스는 프랜시스의 안내로 뉴욕에서 열리는 많은 무용 공연을 봤는데 그 가운데서 발레 아프리캔의 공연은 마일스에게 모드mode적인 기법에 많은 영감을 주었다(《자서전》, 311쪽). 그는 1950년대 말에 이르러 기존의 복잡한 화성에 기초한 즉흥 연주에서 탈피해 음계에 의한 즉흥 연주로 전환했는데, 바로 이 공연의 아프리카적인 분위기가 마일스에게 색다른 아이디어를 제공했던 것이다. 이러한 느낌이 그의 1959년 걸작 《카인드 오브 블루Kind of Blue》에 반영됐으리라는 점은 쉽게 추측할 수 있다.

마일스는 1961년 프랜시스의 이름을 연상시키는 또 다른 곡 〈프랜싱Pfrancing〉을 발표했다. 부르고 응답하는call and response 형식의 이 블루스는 후에 "노 블루스No Blues"라는 별칭으로 불리면서 마일스 데이비스 밴드의 주요 레퍼토리가 됐다.

〈프랜싱〉이 담긴 앨범 《언젠가는 나의 왕자님이 오시겠지Someday My Prince Will Come》의 커버에는 프랜시스의 얼굴이 크게 실렸는데 컬럼비아 레코드와 같은 메이저 음반사가 음반 표지에 아티스트가 아닌 모델로 흑인 여성을 실은 일은 대단히 이례적이었다. 동시에 그것은 음반사에 자신의 주장을 관철시키는 마일스 데이비스의 힘을 보여주는 부분이기도 했다. 프랜시스는 마일스의 음반 커버에 두 번 더 등장했다. 《언젠가는 나의 왕자님이 오시겠지》를 발매하고 한 달 뒤에 샌프란시스코 블랙

호크 클럽에서 녹음된 《마일스 데이비스 실황 연주Miles Davis in Person》와 1965년 음반 《초능력E.S.P.》에서였다.

하지만 《초능력》에 실린 사진은 마일스와 프랜시스가 실질적으로 헤어지기 일주일 전에 찍은 것이었다. 당시 마일스는 과도한 음주와 코카인 중독으로 심한 의처증과 망상에 시달리고 있었다. 그는 프랜시스가 다른 남자 무용수들과 관계를 맺고 있다고 믿었으며 집 안에 누군가가 항상 잠입해 있다고 느꼈다. 마일스가 심지어 경찰까지 불러 집 안을 수색하자 참다못한 프랜시스는 집을 나갔고 캘리포니아에 있는 보컬리스트 낸시 윌슨의 집에서 오랫동안 몸을 의탁해야 했다.

마일스의 과도한 음주와 코카인 중독은 아마도 결혼 직후부터 심해졌던 듯하다. 1960년을 정점으로 마일스의 음악은 답보 상태에 있거나 오히려 퇴보하는 기색이 역력했기 때문이다. 마일스는 그 초조함을 견디지 못했다. 특히 그의 사이드맨이었던 존 콜트레인John Coltrane, 1926~1967이 재즈의 중심인물로 떠오르자 마일스는 몹시 불안해했다. 그러한 과도기는 결국 1960년대 중반에 그의 두 번째 5중주단이 완전히 구성되면서 마무리됐다. 《초능력》을 녹음했던 5중주단, 즉 웨인 쇼터Wayne Shorter, 1933~, 허비 행콕Herbie Hancock, 1940~, 론 카터Ron Carter, 1937~, 토니 윌리엄스Tony Williams, 1945~1997가 마일스와 한 팀을 이뤘을 때 마일스는 다시 재즈의 정상으로 복귀했다.

하지만 이미 마일스의 몸과 마음은 너무도 병들어 있었다. 프랜시스는 아이린이 낳은 세 자녀를 모두 한집에서 키웠지만 아이를 갖고 싶어

프랜시스의 모습이 실린 마일스 데이비스의 세 앨범
《언젠가는 나의 왕자님이 오시겠지》(위), 《마일스 데
이비스 실황 연주》(가운데), 《초능력》(아래). 마일스는
사랑하는 여자의 사진을 앨범 재킷에 싣곤 했는데, 프
랜시스는 무려 세 번이나 마일스의 앨범을 장식할 만
큼 그에게 음악적으로 큰 영감을 주었다.

하는 프랜시스의 요구를 마일스는 묵살했고 심지어 전도유망했던 프랜시스의 무용 활동을 오래전에 중단시켰다. 마일스는 프랜시스의 모습을 앨범 커버에 실을 만큼 그녀의 아름다움을 과시하고 싶었지만 동시에 그 아름다움을 질투했고 그녀를 의심했으며 결국 그녀에게 폭력을 휘둘렀다(마일스는 밴드 리더이자 프로듀서인 퀸시 존스Quincy Jones, 1933~와 프랜시스의 관계를 의심했다). 정작 자신은 베벌리 벤틀리와의 관계를 계속 유지했으면서도.

마드무아젤 매브리

1968년은 마일스 데이비스에게 혁명 전야와도 같은 해였다. 이미 꽃망울을 활짝 터뜨린 록과 소울 음악을 바라보면서 마일스는 자연스럽게 그의 새로운 음악을 구상하고 있었다. 그래서 지난 5년 동안 유지해오던 자신의 5중주단을 해산하고 다른 연주자들을 물색했다. 변화는 음악에만 찾아온 것이 아니었다. 그해 2월 마일스는 프랜시스와 정식으로 이혼했고 한 해 전부터 만나기 시작한 스물세 살의 여인 베티 매브리와 9월에 결혼했다. 그것은 1950년대 그가 쌓아왔던 모든 것과의 결별을 의미했다. 그의 나이 마흔둘이었다.

마일스에게 매브리는 1960년대 청년 문화의 창구였다. 매브리는 마일스에게 지미 헨드릭스Jimi Hendrix, 1942~1970와 슬라이 & 더 패밀리 스톤(매브리는 이들과 친분을 쌓고 있었다)의 음악을 소개해주었고, 마일스의

마일스의 앨범 《킬리만자로의 소녀》(1968년, 컬럼비아 레코드)를 장식한 베티 매브리. 그녀는 마일스에게 지미 헨드릭스, 슬라이 & 더 패밀리 스톤을 소개하는 등 청년 문화의 창구 역할을 했다. 마일스는 그녀와 헤어진 뒤에도 재즈와 록, 펑크가 섞인 방향을 고수했다.

패션을 완전히 바꿔놓았다. 그것은 음악적 변신의 가시화였다. 마일스는 기존의 넥타이를 맨 정장 스타일을 벗어 던지고 머플러에 가죽점퍼, 반짝이는 장식이 들어간 진을 입었고 높은 굽의 구두를 신었다. 밴드 멤버들에게도 그런 스타일의 복장을 주문했다.

어쿠스틱 베이시스트 론 카터가 나간 자리에서 데이브 홀랜드Dave Holland, 1946~가 훨씬 선명한 라인과 펑키 그루브를 강조하는 일렉트릭 베이스를 연주했고, 피아노는 펜더로즈(일렉트릭 피아노)와 오르간으로 대체됐다. 이 악기들은 칙 코리아Chick Corea, 1941~, 키스 재럿Keith Jarrett, 1945~, 조 자비눌Joe Zawinul, 1932~2007 등이 연주했으며 한 무대에 두 명 이상의 건반 주자들이 오르기도 했다. 리듬 섹션에 일렉트릭 기타가 더해졌고 알토나 테너 색소폰은 마일스의 트럼펫과 훨씬 강한 대칭을 이루는 소프라노 색소폰으로 바뀌었다. 그는 사운드를 좀 더 록에 가깝게 만들고 싶었다(《자서전》, 409쪽).

칙 코리아. 그는 마일스가 매브리에게 바치는 〈마드므아젤 매브리〉에서 16여 분 동안 몽롱한 기운의 펜더로즈를 연주해 밑그림을 깔아주었다.

마일스는 음악적 변신에 이렇게 도움을 준 베티 매브리의 얼굴을 즉각 앨범 커버에 실었다. 《킬리만자로의 소녀Filles De Kilimanjaro》의 표지는 두 개의 각도에서 찍어 합성한 매브리의 얼굴을 담고 있다. 아울러 이 앨범에 실린 〈마드므아젤 매브리Mademoiselle Mabry〉는 베티 매브리에게 바친 곡으로, 칙 코리아의 몽롱한 기운의 펜더로즈가 16여 분 동안 밑그림을 깔아준다. CD 음반에 해설을 쓴 칩 스턴Chip Stern, 1952~에 의하면 이 곡에서 쓰인 8분의 12박자는 아프리카 드럼 앙상블이나 시카고 블루스에서 간혹 쓰이는 박자이지만 마일스는 이를 이완해 좀 더 기이한 느낌이 들도록 만들었다.

그럼에도 불구하고 마일스와 매브리의 관계는 오래가지 못했다. 마일스는 재즈에 불어넣을 새로운 에너지를 베티를 통해 발견했고 매혹됐지만 그녀에게서는 마일스가 여성에게 늘 원하는 모성애, 즉 마일스에게는 늘 결핍으로 남아 있는 어머니의 사랑을 결코 발견할 수 없었다. 마일스의 표현을 빌리자면 그녀는 너무 어리고 거칠었다(《자서전》, 420쪽). 베티가 다른 한편으로 지미 헨드릭스와 관계를 맺고 있다는 사실을 알게 된 마일스는(물론 베티는 이후에도 그 점은 사실이 아니라고 부인했다) 결혼 1년 만에 베티와 이혼했다.

베티는 마일스와 이혼한 후 본격적으로 아티스트의 길로 들어섰다. 결혼 후에 얻게 된 이름 베티 데이비스를 그대로 사용하면서 파격적인 의상과 노랫말로 세인의 이목을 집중시켰다. 비록 상업적인 성공은 거두지 못했지만 말이다. 마일스는 이후에도 재즈와 록, 펑크가 섞인 방향을 고수했기 때문에 그의 음악에 베티의 영향과 그녀에 대한 기억은 어느 정도 흔적을 남겼다. 1981년에 발표한 마일스의 복귀작 《나팔을 든 사나이The Man with the Horn》에 수록된 〈뒷좌석의 베티Back Seat Betty〉 역시 베티 매브리를 그린 곡이다. 강한 디스토션 이펙트가 들어간 배리 피너티 Barry Finnerty, 1951~의 기타 전주로 시작되는 이 곡은 베이스의 마커스 밀러 Marcus Miller, 1959~, 드럼의 앨 포스터Al Foster, 1943~가 만들어내는 정중동의 그루브를 타고 마일스의 뮤트 트럼펫이 유연한 춤을 춘다.

마일스는 베티와 헤어질 무렵 이미 두 여성과 교제하고 있었다. 마거릿 에스크리지Marguerite Eskridge와 재키 배틀Jackie Battle이 그들이다. 두 사람 모두 베티 데이비스처럼 20대의 젊은 여성이었지만 성향은 베티와는 전혀 다르게 내성적이며 정적이었다. 마거릿은 채식주의자였으며 재키는 디자인과 그림에 관심이 많은 애호가이자 화가였다. 마일스는 젊지만

1970년에 녹음된 《필모어의 마일스 데이비스》 앨범 앞면은 모자이크로 여러 장의 사진이 모여 있는데, 상단 오른쪽에는 마거릿이 미소 짓고 있는 사진이 배치돼 있다.

자신을 돌봐줄 수 있는 모성애를 지닌 여성을 원했고 그들은 그 점을 만족시켰다. 마거릿 역시 마일스의 앨범 표지에 모습을 드러냈다. 1970년에 녹음된 《필모어의 마일스 데이비스Miles Davis at Fillmore》의 커버에는 여러 장의 사진이 모자이크로 모여 있는데 앞면의 우측 상단과 뒷면의 좌측 하단에서 미소 짓고 있는 여성이 마거릿이다. 재키는 마일스에게 잠재돼 있던 그림 그리기에 대한 열정을 일깨워주었다.

하지만 두 여성의 기질은 모두 마일스와 맞지 않았다. 마일스의 독단적이고 폭력적인 성격, 성적인 문란함 그리고 무엇보다도 과도한 코카인과 알코올 복용은 그들로서는 참을 수 없는 일이었다. 특히 마거릿은 다른 여성과의 접촉을 끊고 오로지 자신과만 만날 것을 요구했고 마일스는 이를 수락하지 않았다. 그럼에도 마거릿은 마일스의 네 번째 아이인 에린을 낳았는데 1978년 그녀는 자녀 양육 불이행으로 마일스를 기소했고 마일스는 1955년 이후에 같은 이유로 또다시 구속을 경험했다.

이러한 갈등에도 불구하고 두 여인이 마일스와 4~5년 동안 관계를 유지했던 까닭은 두려움과 동정심의 묘한 공존 때문이었다. 마일스가 보여준 '당신이 떠나면 난 죽어버리고 말 거야'라는 식의 행동은 여성에게 공포와 연민을 얻으려는 남성들의 전형적인 방식이다. 훗날 마일스에 대한 베티의 회상은 재즈의 제왕이라고 불렸던 마일스의 내면을 있는 그대로 들여다보게 해준다. "나는 그저 트럼펫을 연주하는 검둥이일 뿐이야"(《마일즈》, 596쪽).

우여곡절 끝에 두 여성은 모두 1971~1972년 사이에 마일스 곁을 떠났다. 물론 그때도 무용수 셰리 피치스 브루어와 모델 겸 배우인 실라 앤더스가 그의 곁에 있었지만 마일스를 진심으로 아끼던 마거릿과 재키가 떠난 후 그의 건강은 더욱 악화 일로를 걸었다. 1974년이 됐을 때 마일스는 음악 활동을 잠시 쉬어야겠다는 생각을 하기 시작했다.

시슬리 위에 뜬 별

마일스는 1960년대부터 겸형적혈구빈혈증을 앓고 있었다. 이 병으로 엉덩이뼈에서 심한 통증을 느꼈고 공연 때 오랫동안 서 있을 수가 없는 순간이 점차 늘어갔다. 그의 폭음과 코카인 과다 복용은 그의 엉덩이 통증과 관련이 있었다. 그는 몇 차례에 걸쳐 엉덩이뼈 수술을 받았는데 이후로는 습관성 탈골 증세가 나타났다.

1974년 상파울루 공연 때 그는 과도한 음주로 심장 마비 증세를 보여

병원에 긴급 후송되기도 했다. 그리고 이듬해 3월 세인트루이스 공연을 마치고 파티가 열렸는데 그 장소에 그의 첫 여인인 아이린이 찾아왔다. 그녀는 많은 사람 앞에서 공개적으로 마일스를 비난했고 마일스는 그 자리에서 심한 모욕감을 느꼈다. 그리고 다음 날 출혈성 위궤양 증세로 병원에 입원해야 했다. 다음 달에 그는 다시 후두부 결절 제거 수술을 받았고 그해의 모든 공연 스케줄을 취소했다. 그해 연말 엉덩이뼈 수술을 또다시 받아야 했지만 이따금씩 발생하던 폐렴까지 도져 수술을 연기했고 이듬해 초가 돼서 열 시간에 걸친 대수술을 받았다. 실질적으로 마일스의 음악 활동은 1975년부터 중단됐으며, 그의 말대로 1980년 초까지 그는 트럼펫을 전혀 잡지도 않았다(《자서전》, 463쪽).

이때부터 마일스는 은둔 시기에 들어갔다. 집 안 창문은 모두 두꺼운 커튼으로 가렸고 그는 24시간 텔레비전이 켜져 있는 침실에 종일 누워 있었다. 코카인에 의한 불면증 때문에 알코올과 수면제를 다량 복용했고 새벽에 술이 잔뜩 취한 채로 재즈 클럽에 불쑥 나타나기도 했다. 그는 대부분의 사람과 만나기를 기피했다. 집을 드나드는 사람은 거의 마약상과 그의 성매매를 위해 찾아오는 여성들이었고 옛 음악 동료들이 안부를 물으러 집에 잠깐씩 들르는 것이 전부였다. 그는 집에 가정부를 두는 것도 마다했다. 프로듀서 티오 마세로에 의하면 그의 집은 바퀴벌레와 쥐로 바글거렸다. 마일스는 필요한 것이 있으면 새벽에 누나 도로시에게 전화를 걸었고 누나는 가끔씩 살충 회사 직원들과 함께 집에 들러 집을 대청소하고 생활용품을 챙겨놓았다. 그리고 또 한 명의 여성 시

마일스 데이비스와 시슬리 타이슨. 시슬리는 1974년부터 1980년 초까지 건강 문제로 마일스가 은둔 생활을 할 때 마일스가 그림에 몰입하도록 유도해 알코올 의존도를 줄이는 데에 큰 공을 세웠다.

슬리 타이슨만이 그를 진정으로 돌봤다. 마일스를 위해 진지한 이야기를 나눴던 사람은 오로지 그녀뿐이었다.

　마일스와 시슬리의 관계는 당시 기준으로 거의 10년 전부터 시작됐다. 1967년 마일스는 부인 프랜시스와 소원한 관계에 있었고 그때 무명 배우였던 시슬리와 만나 급속히 사랑에 빠졌다. 그 징표로 그해에 녹음된 마일스의 앨범 《마법사Sorcerer》의 커버에는 시슬리의 측면상이 강렬하게 담겨 있다. 그럼에도 불구하고 비슷한 시기에 마일스는 베티 매브리를 만났고 베티와 결혼함으로써 시슬리와의 관계는 더 이상 발전하지 못했던 듯하다.

　하지만 마일스는 시슬리를 영적인 여인이라고 생각했다. 마일스는 이따금씩 시슬리에게 안부 연락을 받았는데 그때마다 그는 아프거나 곤경에 처해 있었다. 그래서 마일스는 그녀가 진심으로 자신을 염려한다고 느꼈다. 1978년 시슬리는 텔레비전 드라마 배우로서 바쁘게 활동할

1989년 프랑스 니스 재즈 페스티벌 무대에 선 마일스 데이비스. 이해에 그는 시슬리 타이슨과도 결별한다.

때였음에도 불구하고 은둔해 있는 마일스를 찾아와 그에게 많은 도움을 주었다. 무엇보다도 마일스가 그림에 몰입하도록 유도함으로써 그의 알코올 의존도를 확연히 줄여주었다.

그 결과로 마일스는 1980년부터 5년 만에 다시 트럼펫을 연주하기 시작했다. 재기 후 두 번째 앨범인 《스타피플Star People》에는 마일스가 직접 그린 그림이 실렸고 이 앨범에 담긴 〈시슬리 위에 뜬 별Star on Cicely〉은 제목 그대로 시슬리에게 헌정한 곡이다. 펑키한 느낌에 빠른 비트의 이 곡에서 마일스의 뮤트 트럼펫과 존 스코필드John Scofield, 1951~ 의 기타는 이제 텔레비전 스타가 된 시슬리를 비추는 별빛처럼 서로의 광채를 뿜어냈다. 마일스와 시슬리는 복귀 음반 《나팔을 든 사나이》를 발표한 1981년에 정식으로 결혼했다.

하지만 시슬리와의 관계도 1980년대 중반을 넘어서면서 악화됐다.

2010년, 캐나다 몬트리올 박물관에서 열렸던 마일스 데이비스 회고전 〈우리는 마일스를 원한다We Want Miles〉에 전시된 트럼펫.

마일스는 여전히 자신의 부인에게 폭력적이었고 시슬리는 마일스의 다른 여성들과는 달리 굽히지 않는 성격이었다. 연기자로 오랫동안 연예계에 있었던 그녀는 마일스의 활동에 관여했고 동시에 마일스의 생활을 꼼꼼히 통제하려고 했다. 두 사람의 갈등은 불가피했다. 마일스와 시슬리는 1989년에 이혼에 합의했다.

이로부터 5년 전인 1984년, 환갑을 2년 앞둔 마일스는 서른네 살의 화가이자 조각가인 조 겔바드와 만났다. 조 역시 기혼자였지만 두 사람은 금세 사랑에 빠졌는데 두 사람이 가까워진 계기는 미술에 대한 마일스의 열정 때문이었다.

그림 분야에 마일스는 독특한 취향이 있었다. 마치 재즈 밴드가 연주하듯이 마일스는 한 캔버스에 두 사람이 즉흥적으로 그림 그리는 방식을 좋아했다. 재키 배틀의 오빠이자 화가였던 토드 머천트도 마일스와 함께 그림을 그리기 위해 그의 아파트를 자주 찾았다. 그리고 1984년 이후에 그 파트너는 당연히 조 겔바드가 됐다. 얼마 후 마일스가 시슬리

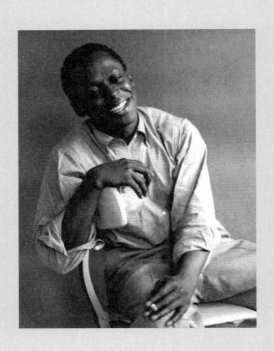

마일스에게 음악이 새로운 갈구의 대상이었듯 연애도 결코 해갈되지 않는 미에 대한 갈구일 뿐이었다. 역설적이게도 이것이 바로 그가 1950년 초부터 세상을 떠나는 1990년대 초반까지 재즈 흐름을 일궈가면서 스타일의 주도권을 놓치지 않을 수 있었던 힘이었다.

와 별거에 들어가자 조는 마일스의 새집을 위한 모든 가구를 골랐고 그의 재활 프로그램에 동참하는 등 실질적인 부인 역할을 맡았다. 무엇보다도 함께 그림을 그림으로써 마일스 만년에 예술혼을 불 지폈다. 마일스의 1989년 음반 《아만들라Amandla》 커버에 실린 그림은 마일스와 조가 함께 그린 작품이다. 하지만 글의 서두에서 밝혔다시피 마일스와 조의 관계도 마지막엔 사랑의 불씨가 완전히 꺼져버렸다. 마일스가 이전 여성들에게 보여주었던 문제와 동일한 이유였다.

마일스 데이비스에게 음악이 안락한 정박지이기보다는 새로운 갈구의 대상이었듯 여성도 그런 존재였다. 그에게 연애란 인격의 만남이 아닌, 결코 해갈되지 않는 미에 대한 갈구였던 것이다.

"하와이의 노을을 바라보는데 정말 화려하고 아름답고 황홀했어요.
서서히 햇빛이 내려가는 모습을 보며
저 노을처럼 모두의 기억에 아름다운 모습으로 남자고 결심했죠.
옛날과 똑같이 내 노래를 부를 수 있을 때 떠나자고 마음먹었습니다."

짧은 사랑과
아름다운 **이별**

Musicians In Love

패티김 & 길옥윤 **최규성**

• 본 장에 실린 사진은 모두 필자가 보유한 앨범을 직접 촬영한 이미지입니다.

글쓴이 **최규성**

《한국일보》 편집위원을 역임했으며 2000년 평양에서 열린 역사적인 김대중 김정일 남북
정상회담을 사진으로 기록한 언론인이다. 《대중가요 LP 가이드북》《Korean Indie Musician
Photographs》《골든 인디 컬렉션》의 저자이며 2011년 무크지 《대중음악 SOUND》에서 발표
한 '한국 대중음악 파워100'에도 선정됐다. 서울역사박물관, 동덕여자대학교 방송연예과, 성
공회대학교 신문방송학과, 서울시민대학, SK 그룹 등 대학과 기업체, 기관에서 대중문화와
보도 사진 강의를 하고 있으며 KBS, SBS, tbs, CBS 등 여러 지상파 텔레비전과 라디오 방송
에서 한국 대중음악을 소개하고 있다. 한국대중음악박물관 자문 위원장, 한국 방송대상 본선
심사 위원, 한국대중음악상 선정 위원, 서울 드라마 어워즈 장편 부문 심사 위원, 문화체육관
광부와 한국콘텐츠진흥원의 대중문화 자문 위원으로 활동하며 중요 매체에 칼럼을 연재하는
대중문화 평론가로도 활동하고 있다. 패티김 홈페이지에 실렸던 앨범 전체를 제공할 만큼 저
명한 대중음악 자료 수집가인 그는 2009년 〈한국 인디 뮤지션 사진전〉(공간 루), 2010년 〈대
중가요 서울을 노래하다〉(청계천문화관), 한국 전쟁 60주년 특별 전시 〈굳세어라 금순아〉(국립
민속박물관), 〈1970~80년대 한국 영화음악 자료전〉(청계천문화관), 2012년 〈한국 대중음악 걸
그룹사: 저고리시스터에서 소녀시대까지〉(부평아트센터), 〈한국의 크리스마스〉(롯데백화점),
2015년 〈한국대중음악 100대 명반〉(경주 한국대중음악박물관) 등 다양한 대중음악 관련 전시회
를 개최하고 있다.

대중가요의 영원한 화두

누가 뭐래도 대중가요의 핵심 주제는 '사랑'이다. 예나 지금이나 마찬가지다. 천편일률적인 사랑 타령은 대중가요의 질적 하락을 불러온 원흉이라는 비난을 받기도 하지만 사랑은 시대와 세대를 초월해 대중의 관심에서 벗어난 적이 없다. 첫사랑의 추억은 달콤하지만 이별의 고통을 동반하게 마련이다. 연애의 달콤함을 알기에 예나 지금이나 사람들은 사랑에 목숨을 걸고 떠나간 연인을 그리워한다. 대중가요가 사랑을 중요 소재로 삼는 이유는 바로 자신의 이야기인 양 공감하는 보편적 정서이기 때문이다. 사랑에는 각양각색의 종류가 있다. 그중 이성 간의 사랑은 가장 짜릿하다. 우리를 웃고 울게 만드는 '사랑'은 누구에게나 가장 중요하고 가장 숭고한 단어다. 잊지 못할 첫사랑의 기억 하나가 없다면 그보다 불행한 인생은 없을 것이다.

한국음악저작권협회에 등록된 대중가요를 살펴보면 제목에 '사랑'이

들어간 노래는 밤하늘의 별처럼 무수해 헤아리기 어려울 정도이고 '첫
사랑'이 들어간 노래 제목만 해도 568곡이나 된다(2015년 10월 기준). 그
렇다면 사랑의 정서를 담은 노래는 언제부터 시작됐을까. 호랑이 담배
피우던 대중가요의 시생대인 1920년대로 가보겠다. 1926년에 발표돼
한국 사회를 발칵 뒤집어놓았던 윤심덕의 〈사의 찬미〉는 의미심장하다.
〈사의 찬미〉는 비장한 노래 제목처럼 염세의 향내가 진동한다. 인스턴트
식 사랑이 난무하는 요즘 세대는 '사랑이 이루어지지 않으면 곧 죽음'이
었던 당대의 비장한 정서를 이해하기 어려울 것이다.

나 그대에게 모두 드리리

대중가요는 대중의 상처받은 마음을 위로해주는 위대한 기능 외에 사랑
하는 사람들을 맺어주는 '작업 송'으로도 그 역할을 다해왔다. 작업 송
은 좋아하는 이성 앞에서 부르면 '훅!' 하고 상대방의 마음을 사로잡을
수 있는 달콤한 사랑 노래를 말한다. 무수한 사랑 노래 중에서도 이성의
관심과 사랑을 얻어낼 수 있는 효과 만점의 작업 송에 대한 대중의 관심
은 지대하다. 많은 여성은 악기를 근사하게 연주하거나 노래를 잘 부르
는 남성의 모습을 매력적으로 생각한다고 한다. 가수 김건모는 방송에
서 달콤한 작업 송을 불러 여러 차례 화제를 모았다. 그는 "키도 작고 못
생긴 내가 여자를 만날 수 있는 방법은 피아노 연주뿐이었다"라고 고백
했다. 노래나 연주에 자신이 없다고 해도 비관할 필요는 없다. 노래를

근사하게 잘 부르면 금상첨화지만 선수(?)로 오해받을 소지도 있기 때문이다. 사람은 노래를 잘 부르지 못해도 진심이 전해지는 노래에 더 감동한다는 사실!

1995년 그룹 패닉으로 데뷔해 2008년 한국대중음악상 네 개 부문을 휩쓸었던 이적의 히트곡 〈다행이다〉는 결혼 축가와 작업 송으로 사랑받는 노래다. 사랑 노래를 부르지 않는 뮤지션으로 유명한 이적이 아내를 위해 기꺼이 노래한 첫 사랑 노래다. 작업 송의 핵심은 상황이나 공간에 어울리는 적절한 내용의 가사를 담고 있어야 한다는 것이다. 예를 들자면 술을 한잔하고 있다면 전람회의 〈취중진담〉을, 고백하는 날이 수요일이라면 빨간 장미를 건네며 밴드 다섯손가락의 〈수요일엔 빨간 장미를〉을 부른다면 완벽할 것이다. 1970년대 콧수염 가수 이장희의 대표곡 〈나 그대에게 모두 드리리〉는 당대 젊은 세대가 애창했던 필살의 작업송이었다. 실제로 이장희는 그 노래로 결혼에 골인했다.

대중음악사에 아로새겨진 스타 가수 커플

대중가요 시대가 본격화된 1930년대를 대표하는 사랑 노래인 강홍식의 〈처녀총각〉은 정분난 처녀, 총각의 마음을 대변하는 당대의 히트곡이다. 1934년 2월에 발표된 이 노래는 당시 극단 단성사의 음악 담당 김준영이 서울 국일관 뒤의 어느 여관에서 극단 멤버들이 술을 마시며 담소를 즐길 때 거나하게 술에 취한 강홍식이 콧노래로 〈흥타령〉을 부르는 걸 듣고 악보로 옮겨 탄생했다. 새싹이 돋고 훈풍이 볼을 간질이는 삼사월 봄날, 구수한 전통적 색조가 물씬 느껴지는 이 노래는 '눈물의 여왕' 전옥과 강홍식을 최초의 배우 출신 가수 커플로 탄생시켰다. 이 노래는 노래를 듣는 청자의 마음을 달뜨게 만드는 마력을 지녔으며 남북한 모두 즐겨 부르는 분단을 뛰어넘어 사랑받는 몇 안 되는 대중가요 중 하나다.

1935년 기생 출신 가수 김복희가 노래한 〈애꾸진 달만 보고〉는 신문물이 급격하게 밀려들었던 당시의 변화에 맞추어 새로운 여성상을 그렸다는 점에서 흥미롭다. "애꾸진 달만 보고 넋두리 말고 나는 당신을 사랑합니다"라는 첫 소절처럼 애인에게 꿰다 놓은 보릿자루처럼 애만 태우는 소극적인 태도가 아니라 적극 구애를 펼치라고 독려하는 가사가 인상적이다. 유명한 고복수의 1936년 작품 〈짝사랑〉은 적극적인 당대 '모던 걸'과는 달리 정반대 이미지의 순정을 담아 지금껏 국민가요로 사랑받는 노래다. 떠나간 짝사랑을 그리워하며 한숨짓는 남자의 애절한 심정을 노래한 노총각 가수 고복수는 소녀 가수 황금심에게 홀라당 마음을 빼앗겼다. 황금심에 대한 연정 때문에 오케레코드에서 빅터레코드로 전속사까지 옮긴 고복수는 달콤한 연애 과정을 거쳐 한국 대중음악 사상 최초의 공식 스타 가수 커플로 기록됐다.

1950년대에 고복수, 황금심 커플은 당대를 울렸던 이수일과 심순애의 사랑 이야기를 담은 시대의 명곡 〈장한몽〉을 함께 노래했다. 〈장한몽〉은 너무도 유명한 "김중배의 다이아몬드 사랑이 탐이나 떠났냐?"라고 연인에게 비난을 퍼붓던 바로 그 노래다. 이 노래는 연작 시리즈로 발표됐는데, 〈장한몽〉이 1탄이라면 버림받은 남자의 사랑을 두둔하는 남인수의 〈수일의 노래〉는 2탄 격이다. 〈수일의 노래〉에 대한 답가로 '블루스의 여왕' 안정애가 취입한 3탄 격 〈순애의 노래〉까지 등장하며 1950년대식 연애 감정을 폭발시켰다. '서정 가요의 제왕'으로 불린 남인수가 1938년 부른 〈꼬집힌 풋사랑〉은 타고난 미성에 절절한 호소력을 담아 폭발적인 인기를 끌었다. 제목부터 유머러스한 데다 "발길로 차려무나 꼬집어 뜯어라"라는 가사는 웃음을 절로 유발한다. 남인수 역시 〈목포의 눈물〉로 유명한 전설의 여가수 이난영과 비공식 커플을 맺어 뜨거운 화제를 몰고 온 세기의 연애 이야기를 남겼다.

한국 대중음악사상 최고의 음악 커플, 패티김-길옥윤

노래 한 곡을 통해 연애 감정을 싹 틔우고 부부의 인연으로 맺어진 스타 가수 커플의 수는 제법 된다. 멀리 일제 강점기부터 1950년대까지 고복수와 황금심, 강홍식과 전옥, 남인수와 이난영 커플은 당대 대중의 이목을 집중시키며 이 방면에서 선구자 역할을 했다. 1960년대 이후 전설적인 패티김과 길옥윤 커플이 등장했고 김태화와 정훈희, 이무송과 노사연, 홍서범과 조갑경이 그 뒤를 이었다. 패티김과 길옥윤의 〈4월이 가면〉, 홍서범과 조갑경의 〈내 사랑 투유〉는 작업 송 분야에서는 둘째가라면 서러울 노래다.

야릇한 주제로 서론을 이처럼 길게 늘어놓는 이유가 있다. 한국 대중음악사상 최고의 음악 커플로 평가되는 패티김과 길옥윤 커플의 사랑과 이별을 이야기하기 위함이다. 두 사람은 무덤덤했던 첫 만남부터 짧은 사랑과 이별 그리고 영원한 우정이라는 한 편의 드라마에 가까운 연애 이야기를 남겼다. 두 사람에게 연애 감정을 심어준 노래는 1966년에 발표된 〈4월이 가면〉이라는 길옥윤의 곡이다. 자, 이제 〈4월이 가면〉에 얽힌 사연을 비롯해서, 필생의 음악 동지였던 패티김과 길옥윤 두 사람에 대해 자세하게 알아보자.

편견에 시달렸던 한국 팝의 대모 패티김

패티김은 동시대 여성으로는 드물게 167센티미터의 늘씬한 신장, 서구적인 몸매와 얼굴, 시원한 목소리, 카리스마 넘치는 무대 매너, 엄격한 자기 관리를 통해 반세기 넘도록 한국 팝의 대모로 군림한 슈퍼스타였다. 정점의 순간에서 은퇴를 선언하고 음악 활동을 접었지만 그녀가 남긴 〈이별〉 〈가을을 남기고 간 사랑〉 〈사랑하는 마리아〉 〈그대 없이는 못 살아〉 〈사랑의 세레나데〉 〈빛과 그림자〉 〈초우〉 〈사랑하는 당신이〉 〈사랑은 영원히〉 〈사랑이란 두 글자〉 〈9월의 노래〉 〈못 잊어〉 〈사랑의 계절〉 〈가시나무새〉 등 주옥같은 노래들은 대중가요의 대표적인 사랑 노래로 각인됐다. 실제로 2006년 MBC 가요대전에서 조사한 '한국인이 좋아하는 가요 100곡'에 여자 가수로는 가장 많은 〈초우〉 〈이별〉 〈가을을 남기고 간 사랑〉 등 세 곡을 올려 존재감을 보여주었다.

　패티김은 1960년대와 1970년대의 우리 사회를 후끈하고도 떠들썩하게 달궜던 길옥윤과의 연애를 비롯해 외국인과의 연애 스캔들로 온갖 풍문에 시달렸던 핫한 뉴스 메이커였다. 뭐 하나 부족한 것 없었던 스타이기에 그녀는 모든 스캔들의 가해자로만 대중에게 인식되는 편견을 감수했다. 오래전, 한 지상파 텔레비전 프로그램에 출연한 그녀는 그동안 나돌았던 여러 가지 세간의 풍문에 대해 처음으로 입을 열었다. 나쁜 소문으로 불편했던 그간의 속내를 속 시원하게 털어놓았던 것이다. 풍문 1. 4개월에 한 번씩 성형 수술을 받는다. "성형 수술은 해본 적이 없습니다. 왜 그런 소문이 나는지 이해할 수 없어요. 4개월에 한 번씩 성형 수술을 한다면 나는 완전 괴물이죠"(패티김). 풍문 2. 재벌가의 프러포즈. "그런 제의가 많았지만 재벌과 결혼했으면 노래를 못 했을 겁니다. 노래 없는 내 인생을 상상할 수 없어요"(패티김). 풍문 3. 국적에 대한 의문. "외국에서 많이 살았고 남편이 외국인이다 보니 오해를 하시는데 내 국적은 대한민국입니다. 이젠 소문에는 무관심해졌습니다. 한번 난 소문은 아무리 해명을 해도 대중은 의심하는 속성이 있더군요. 진실은 그냥 세월이 해결한다고 믿게 되었습니다"(패티김).

노래만 불러 선생님에게 야단맞았던 성장기

패티김의 본명은 김혜자다. 1938년 2월 28일 서울 종로구 인사동에서 일본 메이지 대학교 출신의 엘리트였던 아버지 김인현과 경성보육학교를 나온 재원이었던 어머니 차옥성 사이의 3남 5녀 중 여섯째로 태어났다. 어린 시절부터 그녀는 잘 울지도 않고, 다른 아이들과 다투면 꼭 이겨야 직성이 풀렸던 야무진 성격이었다. 부모의 이혼으로 가정이 파괴되는 아픔을 경험한 그녀는 혜화초등학교 2학년 때까지 어머니와 함께 서울 혜화동에서 살았다. 또래에 비해 키가 커 나이보다 성숙해 보였지만 동네 골목대장 노릇을 했을 정도로 티 없이 맑은 개구쟁이로 성장했다.

어릴 적 별명은 눈이 가늘다는 이유로 붙여진 '실죽이'였다. 종로 화신백화점 뒤로 이사를 간 후, 흑석동으로 또다시 이주했다. 당시에는 시골이나 다름없었던 그곳의 자연 친화적 환경에서 성장한 시절을 그녀는 평생 가장 행복했던 순간으로 기억한다. 초등학교 시절, 그녀의 학업 성적은 중간 정도였지만 음악과 체조에는 재능을 보였다. 초등학교 5학년인 1950년 민족의 비극인 한국 전쟁이 터졌고 전쟁 통에 둘째 오빠가 북한 의용군으로 끌려갔다 극적으로 돌아왔다. 1·4 후퇴 때는 평택 근처까지 걸어가 천신만고 끝에 열차 지붕 위에 올라타서 대구로 피난을 떠났을 정도로 국토를 분단시킨 한국 전쟁의 고통과 비극을 온몸으로 겪었다. 피난지 대구에서는 경북여자고등학교 정문 옆에 셋방을 얻어 정착했다. 당시 그녀의 형제들은 뿔뿔이 흩어지고 어머니와 세 자매만 함께 사는 이산의 아픔도 겪었다.

피난 중에 이화여자중학교에 응시했지만 떨어져 2차였던 중앙여자중

学교에 입학했다. 전쟁이 끝난 중학교 2학년 때 서울로 돌아왔다. 그때부터 라디오에서 나오는 노래 가사를 외우며 노래를 따라 부르는 취미가 생겼다. 학교에서 노래만 불러 선생님에게 야단을 많이 맞았을 정도로 노래에 빠져들었다. 당시 일반 남성을 능가하는 큰 키 때문에 학교의 배구와 수영반원으로도 활동했다. 중앙여자고등학교에 진학한 김혜자는 키가 크고 성숙했지만 언제나 교실 가장 앞자리에 앉아 수업을 받았다. 시력이 나빴기 때문이다. 노래 잘하는 아이로 입소문을 타면서 교내 행사에서 유명세를 날렸다. 우연하게 국악특별활동반의 수업을 구경하다 시조를 따라 읊는 그녀의 재능을 발견한 담당 선생님의 권유로 6개월 동안 국립국악원에서 창을 배웠다. 당시 그녀는 판소리 〈심청가〉를 반년 만에 완창해 주위를 놀라게 했고 덕성여자대학교 주최 전국중고교 국악 콩쿠르에 참가해 단가 〈운담풍경〉을 불러 창 부문 1위에 입상하는 재능을 보였다.

아나운서의 꿈 접고 대중 가수로

1958년 봄, 김혜자는 여고 졸업 직후 아나운서 시험에 응시했지만 시력이 나빠 원고를 더듬더듬 잘못 읽어 낙방했다. 방향타를 잃고 낙심했던 당시, 우연히 서울 명동 거리에서 만난 큰오빠 친구인 기타 연주가 곽준용의 주선으로 대중 가수의 길을 걷게 됐다. 그의 소개로 미8군 프로덕션 '화양'의 김영순(베니김)에게 오디션을 받았다. 시원하게 뽑아내는 그녀의 노래를 듣고 눈이 휘둥그레진 베니김은 자신의 〈베니 쇼〉 무대에 픽업했다. 첫 무대는 오산 미 공군 기지의 한 클럽. 당시 첫 예명은 '패티김'이 아닌 '린다김'이었다. 잔뜩 긴장하고 노래 한 곡을 끝내자 미군의 환호성이 터져 나왔다. 이후 보수도 없이 2개월간의 수습기를 보낸 린다김은 노래 연습에 매진해 일본 동경공연단 소속으로 국외 공연을 다녀왔고 정기 오디션에서 스페셜 A등급 가수로 성장했다.

1959년, 첫 월급으로 3만 환을 받았다. 예명을 '패티김'으로 변경한 것은 당시 '미국의 세계적인 가수 패티 페이지만큼 유명해지라'는 쇼 단장 베니김의 권유 때문이었다. 점차 가수로서 틀이 잡혀갔지만 가수 활동을 반대했던 큰오빠 때문에 잠시 활동을 중단했다. 강제로 맞선까지 봤지만 1년을 참지 못하고 가수 활동을 재개했다. 1960년 초, 조선호텔 나이트클럽 무대에 올라 주한 외국인의 마음을 사로잡았다. 1958년 첫 일본 공연에서 존재감을 과시했던 패티김은 1960년 5월에 AFKN 간부의 주선으로 일본 NET-TV(현 TV 아사히)로부터 공식 초청을 받아 광복 이후 최초로 일본으로부터 정식 초청을 받은 가수로 기록됐다. 당시는 한일 국교 정상화 이전이라 일본으로 진출하기가 어려웠던 시절이었다. 신인 가수로는 파격적인 월 300달러의 출연료를 받고 일본 톱클래스 악단 스타 더스트와 3개월간 일본 전국 투어를 돌았다. 팝송은 물론, 한복 차림으로 장구를 메고 장구춤을 추며 〈아리랑 목동〉〈도라지〉〈아리랑〉 등을 노래했다. 예상을 뛰어넘는 반응에 도쿄 최고의 영화 촬영 장소였던 니치게키日劇 등지에서 7개월 동안 장기 리사이틀 쇼를 개최하며 현지에서 여러 장의 음반까지 발표하는 성과를 올리고 1961년 5월에 귀국했다.

한국으로 돌아온 패티김은 서울 반도극장에서 귀국 리사이틀을 열었다. 귀국 무대에는 현인, 장세정, 박재란, 최초의 댄스 가수 이금희, 15세의 소녀 가수 윤복희 등이 우정 출연해 대성황을 이뤘다. 국내 최초의 개인 리사이틀로 기록된 무대를 통해 패티김은 인기 가수로 인식되기 시작했고 가수 활동을 반대했던 큰오빠의 마음까지 돌려놓았다. 그녀의 귀국 리사이틀을 보고 반한 전도유망한 작곡가 박춘석이 용산 미8군 무대로 찾아왔다. 그는 〈사랑의 맹세〉〈파드레〉 등 팝송을 개사해 패티김의 데뷔 음반 독집 발표를 주선했다.

첫 독집 발표 후 탄력을 받은 패티김은 김치켓, 이해련 등과 함께 다시 일본에서 초청을 받았다. 초청자는 당시 일본의 인기 테너 색소폰 연주가이자 재즈 캄보 밴드 크루 캐츠의 리더로 성장한 길옥윤이었다. 일본에서 패티김과 길옥윤의 만남이 두 번이나 이뤄졌지만 비즈니스 이상의 연애 감정은 생기지 않았다. 1963년 3월, 꿈의 무대인 미국 진출이 성사됐다. 야심차게 태평양을 건넌 패티김은 성공을 위해 술과 담배를 멀리하는 금욕 생활을 감수했다. "당시는 새벽 4시가 돼야 하루 일과가 끝나던 고된 시절이었지만 꿈에 부풀어 피곤할 줄도 몰랐습니다"라고 말할 정도로 국외 진출에 임하는 자세가 남달랐다.

하지만 매니저와 계약이 해약되는 갈등으로 넉 달간 아무 활동을 하지 못하는 시련을 겪었다. 일본과 동남아 공연을 마치고 귀국한 패티김

1960년대 오아시스레코드에
서 발매한《패티金힛트集 – Patti
Kim Hit Parade》.

은 시민회관에서 두 번째 귀국 쇼를 성공리에 마쳤다. 그때 김시스터즈
를 픽업했던 맥 매킨의 주선으로 첫 진출 때 좌절을 맛봤던 미국 라스베
이거스 공연이 성사됐다. 1963년 3월, 라스베이거스 선더버드 호텔 등
에서 뮤지컬 〈플라워 드럼 송〉의 주연 배우로 출연하며 각종 현지 언론
에 대서특필되면서 인지도를 넓혀갔다. 1965년 가을, 유명 텔레비전 쇼
인 〈자니 카슨 쇼〉와 NBC TV 〈투나잇 쇼〉에 8회나 연속 출연하며 엄청
난 유명세를 탔다.

　1966년 어머니의 병환이 위중하다는 연락을 받고 귀국한 패티김은
같은 시기에 귀국한 길옥윤과 마침내 재회했다.

얼굴이 하얗고 하모니카를 잘 불던 아이

패티김을 슈퍼스타로 이끈 고 길옥윤은 한국 대중가요계를 대표하는 작곡가 중 한 명이다. 그가 발굴해 스타덤에 오른 가수는 패티김, 혜은이, 현미, 최희준, 박형준, 쟈니리, 이시스터즈, 이주랑, 이승연, 지은아, 방은미, 고 하수영, 세샘트리오, 이덕화, 장혜리, 김연자 등 한마디로 사단급이다. 3,500여 곡을 작곡한 그가 노래 실력이 출중한 가수였다는 사실을 아는 사람은 많지 않다. 그는 일본 밀항 시절인 1950년대 초반에 이미 연주와 노래 활동을 병행했다. 실제로 독집 앨범도 여러 장 발표했던 싱어송라이터였다.

길옥윤의 본명은 최치정이다. 3대째 의사를 하는 집안에서 5남 2녀 중 넷째로 1927년 2월 22일 평안북도 영변에서 태어났다. 기독교 가정에서 태어나 어린 시절부터 피아노 반주에 찬송가를 부르는 음악적 분위기에서 성장했다. 말수가 적은 조용한 아이였던 그는 자식 없이 여관업을 했던 작은 아버지의 양자가 돼 평안남도 강서로 이주했다. 아홉 살 때 평양 종로국민학교로 전학 갔을 당시 그는 '얼굴이 하얗고 하모니카를 잘 부는 아이'였다.

평양고등보통학교 재학 중에 일본식 성명 강요에 의해 '야마요시'로 개명했다. 학교 밴드부에서 나팔수가 된 것이 색소폰 연주자가 되는 첫걸음이었다. 1943년 경성치과의학전문학교(서울대학교 치과대학 전신)에 입학했다. 대학생이 된 길옥윤은 광복 이후 미군 24사단 장교 클럽에서 처음 들은 재즈 음악에 감동받고 인생의 전환점을 마련했다. 전공을 버리고 경기고생 박춘석, 노명석과 재즈 연주 그룹 '핫 팝'을 결성해 서울 명동 사보이호텔 뒤에 위치했던 황금댄스홀에서 음악 아르바이트를 시작했다. 그 인연으로 육군 군예대에 들어가 연주 활동을 했다.

'땜빵'으로 음반 데뷔를 하다

한국 전쟁 직전인 1950년 1월, 본격적으로 재즈 음악을 배우기 위해 악보 몇 장과 팝송 책을 넣은 가죽 책가방에 중절모자를 눌러 쓴 청년 길옥윤은 일본으로 밀항을 결행했다. 경남 통영에서 작은 통통배를 타고 일본으로 건너간 그는 유명 작곡가 오자와 히데오小澤秀夫의 문하생으로 들어갔다. 스승에게 일본의 소설가 요시야 노부코吉屋信子와 다니자키 준이치로谷崎潤一郎의 이름에서 딴 '요시야 준吉屋潤'이라는 예명을 받았다. 그가 국내 활동 때 본명이 아닌 '길옥윤吉屋潤'이라는 예명을 쓰게 된 연유다. 곧바로 오아시스긴자 클럽에서 요시노 밴드의 멤버가 돼 연주 경력을 쌓았고 1952년 재즈 밴드 크루 캐츠Crew Cats를 결성해 독립했다. 이때부터 일본 TBC, NHK 방송에 출연해 재즈 가수로도 명성을 얻었다.

1960년, 길옥윤은 재일본대한민국민단(민단)에서 결성한 모국 공연단인 동경 스윙 오케스트라의 단장을 맡아 10년 만에 귀국했다. 일본으로 돌아간 그는 아버지의 부고로 1962년에 돌아와 우연하게 작곡가로 음반 데뷔를 했다. 그의 노래를 최초로 취입한 가수는 패티김이 아닌 가

1966년 아세아레코드에서 발매한 길옥윤의
《追憶의 멜로듸 씨리즈》 2집. 〈목포의 눈물〉
〈처녀총각〉 등의 연주곡이 담겨 있다.

수 노사연의 이모인 현미다. 당시 현미는 데뷔 음반을 녹음하는 중이었
다. 음반에 수록될 곡이 모자라 쩔쩔매는 제작자 손석우와 이봉조, 현미
를 위해 길옥윤은 자작곡 〈내 사랑아〉를 건넸다. 1994년 6월 19일 폐암
을 선고받은 길옥윤을 위한 SBS 〈길옥윤 이별 콘서트〉에서 현미가 패티
김에 앞서 첫 주자로 이 노래를 불렀던 것은 이런 인연 때문이다.

타이틀곡 〈밤안개〉의 히트에 가려 길옥윤의 첫 데뷔곡 〈내 사랑아〉는
빛을 보지 못했지만 오랜 기간 일본에서만 활동을 해왔던 그에겐 국내
대중가요계에 명함을 내미는 교두보가 됐다. 훗날 한국을 대표하는 작
곡가로 성장했던 길옥윤의 첫 음반 데뷔가 이렇게 현미 데뷔 음반의 '땜
빵'으로 시작됐다는 사실은 흥미롭다. 일본으로 돌아간 길옥윤은 자신
이 손석우, 이봉조에 비해 작곡 능력이 부족하다는 사실을 절감했다. 이
는 그때부터 작곡에 매진하는 계기가 됐다. 이러한 음악적 발전과는 달

리 1962년부터 공동 출자해 운영하던 삿포로의 클럽이 1966년에 부도를 맞아 파산했다. 출연료가 비싼 일본의 톱스타를 출연시키고 너무 화려한 공연을 무리하게 진행한 결과였다.

위기를 기회로 삼아 국내 활동 시작

그는 도피하듯 무일푼으로 귀국했다. 좌절은 곧 기회라 했던가. 당시는 외국에 대한 동경이 극심했던 시기였다. 길옥윤의 귀국은 그 자체로 대중적 관심을 끌었다. 서울대학교 치과대학 출신이라는 학벌 프리미엄도 한몫 거들었다. 귀국 후 첫 작품은 〈서울의 찬가〉. 그는 "뉴욕, 파리 같은 세계적인 대도시는 모두 찬가가 있습니다. 서울엔 그런 도시 찬가가 없기에 누구나 부를 수 있는 서울을 찬미하는 노래를 만들고 싶었습니다"라고 말했다. 당시 막 연인 관계를 맺은 패티김이 동아방송 '이달의 노래' 코너에서 이 노래를 처음 부른 이후 급속히 퍼져 나갔다.

뉴코리아 호텔 지하 이발관에서 면도를 하던 길옥윤은 라디오에서 흘러나오는 멋지고 현대적인 신인 가수 최희준의 노래에 귀를 떼지 못했다. 이후 최희준을 비롯해 박형준, 위키리, 유주용 등 한국 최초의 노래 동아리인 포클로버스 멤버들과 방송국에서 만나 친하게 지냈다. 《빛과 그림자》는 그런 인연으로 제작된 길옥윤의 첫 작품집이었다. 타이틀곡인 최희준의 〈빛과 그림자〉를 비롯해 수록곡 상당수가 좋은 반응을 얻으며 귀국 첫 작품집은 흥행에 성공했다. 이 음반은 최희준을 비롯해 유주용, 박형준, 쟈니리 등 당대 최고 가수들의 노래가 열두 곡이나 수록된 음반이다. 특히 이 앨범은 전인권이 불러 유명한 〈사노라면〉의 원곡인 쟈니리의 〈내일은 해가 뜬다〉가 처음으로 발표된 오리지널 음반으로 그 가치를 더한다.

패티김과 길옥윤의 첫 만남

그렇다면 이 두 사람은 첫 만남부터 핑크빛 연정이 피어났을까? 1958년 막 데뷔했던 햇병아리 가수 린다김(패티김의 초기 예명)은 당대의 인기 여성 듀오 김치켓 등이 포함된 미8군 공연단의 신인 유망주로 일본 도쿄의 국제극장으로 첫 국외 공연을 떠났다. 그때 일본에서 재즈 뮤지션으로 활약하고 있던 길옥윤과 처음 만났지만 길옥윤은 연정보단 나쁜 이미지를 받았다. 그는 자신의 회고록에 당시 패티김의 첫인상에 대해 이렇게 기록했다.

> 첫인상은 음성, 태도 모두 시원시원했다. 한데 한참 선배인 내가 악수를 먼저 청해 인사를 나눴다. 살짝 기분이 상하자 다리를 꼬고 앉아 큰 소리로 웃는 모습이 좀 건방져 보였다. 솔직하게 말해 당당함이 지나쳐 그다지 탐탁하게 생각하지는 않았다.

1961년 데뷔 음반을 발표한 패티김은 다시 길옥윤에게 일본으로 초청을 받았다. 두 번째 만남 역시 사업적 만남 이상의 교류는 없었다. 세 번째 만남은 5년 후인 1966년에 이뤄졌다. 국내 가수 중 네 번째, 솔로 가수로는 두 번째로 미국에 진출한 패티김은 국제적인 가수로 거듭났다. 패티김은 어머니가 위독하다는 소식을 받고 미국에서 3년 만에 귀국했고, 비슷한 시기에 길옥윤은 일본에서 운영하던 삿포로 클럽의 부도로 파산해 무일푼으로 귀국했다. 당시 패티김은 국제적인 가수로 대접받아 텔레비전 프로그램에서 특집 쇼를 마련했을 정도로 인기가 높았다.

세 번째 만남은 패티김의 기자 회견장에서 이루어졌다. 당시 지상파 방송은 비슷한 시기에 귀국한 거물 작곡가와 여가수를 함께 묶는 특집 프로그램을 경쟁적으로 마련했다. 국외 활동을 하고 귀국한 공통점 때문에 대중의 이목이 집중됐던 두 사람은 각종 방송에 함께 초대되며 만남을 이어갔다. 8년 전 일본에서의 첫 만남 때 전도유망한 밴드 마스터와 햇병아리 가수였던 서로의 위상은 이제 정반대로 변해 있었다. 파산 상태로 귀국한 길옥윤은 대스타로 성장했음에도 신인 시절보다 겸손한 패티김의 모습에 처음으로 호감을 느꼈다. 두 사람이 의기투합한 데는 국외에서 귀국했다는 이유로 조명받는 것에 대한 국내 음악인의 텃세와 시샘도 한몫했다. 이런 환경이 배필로 이어지는 운명적 연애와 본격적인 음악 인연의 불씨를 제공했다.

전화선을 타고 들려오는 연가, 〈4월이 가면〉

국내 활동을 재개하면서 피어난 두 사람의 연애는 극적이었다. 길옥윤이
패티김에게 사랑의 감정을 표현한 첫 노래는 〈4월이 가면〉이다. 표절 시
비에 휘말리긴 했지만 패티김의 마음을 잡아놓은 희대의 작업 송이었다.
당시 패티김은 4월이 지나면 미국으로 떠날 예정이었다. 그녀의 출국 날
이 다가오자 이미 사랑의 포로가 된 길옥윤은 애가 바싹바싹 타기 시작
했다. 패티김을 한국에 눌러앉히기 위해 작곡에 몰두했다.

대지를 촉촉하게 적시는 봄비가 주룩주룩 내리던 4월 어느 날 새벽,
서울 충무로 대한극장 앞에 위치한 낡고 초라한 여관에 투숙해 있던 길
옥윤은 뉴코리아 호텔에 머물고 있던 패티김에게 떨리는 손으로 전화
다이얼을 돌렸다. 전화선을 통해 들려오는 애절한 길옥윤의 연가는 달
콤했다. 작곡가 이전에 가수이기도 했던 길옥윤의 떨리는 목소리엔 진
심 어린 사랑 고백이 담겨 있었다. "4월이 가면 떠나갈 사람 5월이 오면
울어야 할 사람"과 같은 가사로 '떠나지 말라'는 메시지를 담은 달콤한
멜로디에 패티김은 감동했다. 심야 전화 데이트 이후 두 사람은 뜨거운
연애 감정에 사로잡혔다. 4월이 지나가고 5월이 왔지만 마침 미국 비자
문제가 꼬인 패티김은 출국을 포기했다.

두 사람이 결혼을 선택한 결정적인 요인에는 정말 기막힌 사건이 있
었다. 두 사람은 전방 위문 공연을 다녀오다 큰 사고를 당할 뻔했다. 공
연 후, 군 책임자와 차를 마시며 화기애애한 분위기에서 담소를 나누다
승차하기로 예정됐던 첫 버스를 놓쳐 두 번째 버스를 탔다. 천운이었다.

그날은 비가 많이 내려 먼저 떠난 첫 번째 버스가 전복해 사망자까지 나오는 대형 사고가 눈앞에서 벌어졌다. 천운으로 사고를 함께 모면한 두 사람은 처음으로 운명적인 사랑을 확인하고 패티김의 제안으로 결혼을 결심했다. 6월에 약혼식을 올린 두 사람은 12월 10일 워커힐 호텔에서 김종필 당시 민주공화당 의장의 주례로 3,000여 명의 하객이 지켜보는 가운데 성대한 결혼식을 올렸다. 이 모두가 1966년 한 해 동안 벌어진 일이다.

한국 대중음악사상 최초의 결혼 기념 음반

패티김과 길옥윤 커플에게는 오랫동안 세상에 알려지지 않은 놀라운 음반이 있다. 일반 판매가 아닌 결혼식에 초대된 하객을 위해 한정으로 제작된 비매품 음반이다. 지구레코드에서 제작한 이 싱글 음반 속엔 사랑의 감정을 처음으로 고백했던 바로 그 노래 〈4월이 가면〉과 〈사랑의 세레나데〉 두 곡이 담겨 있다. 가수 커플의 결혼식 기념 음반의 존재는 기록이 전무하다. 이 음반은 한국 대중음악사상 최초로 제작된 가수 커플의 결혼 기념 음반으로 기록됐다. 결혼 직후 신세기레코드에서 발표한 캐럴 앨범은 일반 개런티의 열 배가 넘는 36만 원이라는 거액을 받고 제작한 또 한 장의 결혼 기념 음반으로 화제가 됐다.

결혼식장인 워커힐 호텔에서 첫날밤을 지낸 두 사람은 일본에서 신접살림을 시작했다. 1967년 봄에 6개월 일정으로 일본 오키나와와 타이

패티김과 길옥윤의 결혼 기념 싱글 앨범 (1966년, 지구레코드). 이 앨범은 결혼식에 초대된 하객을 위해 한정 제작한 비매품 음반으로서 한국 대중음악사상 최초로 제작된 가수 커플의 결혼 기념 음반으로 기록됐다.

완, 필리핀. 베트남 등 동남아로 신혼여행을 떠났다. 자발적으로 전쟁터 베트남에서 파월 장병 위문 공연을 열어 언론에 대서특필되기도 했다. 이후 국내에 정착한 패티김은 오랜 외국 생활과 다른 국내 환경에 적응하지 못해 어려움을 겪었다. 길옥윤이 동아방송 전속 악단장을 맡고 부부가 함께 〈패티와 이 밤을〉 프로그램을 진행하며 안정을 찾아갔다. 결혼 직전에 예그린 악단 뮤지컬 〈살짜기 옵서예〉에 출연하며 뮤지컬 배우로도 데뷔했던 패티김은 1968년 2월, 시민회관에서 예그린 악단 뮤지컬 3회 공연인 〈대춘향전〉의 주연을 맡아 연기 재능도 한껏 뽐냈다.

1967년 11월 두 사람은 첫딸 정아가 태어나며 사랑의 결실을 맺었다. 12월 남산 드라마 센터에서 열린 길옥윤의 첫 리사이틀에서 두 사람은 〈사랑하는 마리아〉를 처음으로 함께 불러 일본에서도 대히트를 기록

1969년에 발매한 패티김 길옥윤의 앨범 《패티金의 사랑하는 마리아》(신세기레코드). 1967년 12월 길옥윤의 첫 리사이틀에서 두 사람은 〈사랑하는 마리아〉를 처음으로 함께 불렀고 일본에서도 대히트를 기록했다.

했다. 이듬해 명동 유네스코 회관 스카이파크에서 열린 딸의 첫돌 기념 식장에서는 훈훈한 분위기를 연출했다. 행사 전날 곤히 잠들어 있는 딸 정아의 모습을 보고 스물한 살(만 20세)이 됐을 때 여자로서 겪게 될 만남과 이별 그리고 환희를 상상하며 만든 노래 한 곡을 깜짝 쇼처럼 발표한 것이다. 애틋한 부정을 담은 노래 〈1990년〉은 길옥윤의 기타 반주로 패티김이 노래를 불러 화제가 됐다. 이 노래는 1970년에 부부가 듀엣으로 정식 취입해 큰 인기를 얻었고 각각 솔로로 부른 버전도 있는데, 많은 일본 가수가 리메이크했을 정도로 나라 밖에서까지 유명세를 탔다. 그 후 패티김, 길옥윤 커플은 프로젝트 혼성 듀엣으로 세 곡의 노래를 음반으로 남겼으며, 길옥윤은 둘째 딸 안리가 스물한 살이 됐을 때를 생각하며 작곡한 미발표 곡 〈2006년〉도 작곡했다.

패티김 길옥윤 커플은 〈사랑의 세레나데〉〈사랑은 영원히〉〈그대 없이는 못살아〉〈9월의 노래〉〈사랑이란 두 글자〉〈4월이 가면〉 등 헤아리기 어려울 만큼 많은 사랑 노래로 히트 퍼레이드를 펼쳤다. 호사다마라 했던가. 이즈음 패티김은 일본 대중 잡지 《슈칸타이슈週刊大衆》에 게재된 살색 수영복 누드 사진 사건으로 곤혹을 겪었다. 잉꼬부부로 불렸던 이들의 순탄하던 결혼 생활에 틈이 생기기 시작한 것도 이 무렵부터다. 1971년 1월 개봉된 강대철 감독의 〈내일의 팔도강산〉 3편에 이미자, 펄 시스터즈, 나훈아, 김추자, 봉봉 등 톱클래스의 가수들과 함께 특별 출연한 패티김은 음악적으로는 여전히 정상의 위치를 고수했지만 감당하기 힘든 시련에 무너지기 시작했다.

아름다운 이별

길옥윤의 세 차례에 걸친 연이은 사업 실패로 이미 1971년 9월 하와이에서 두 사람은 결별의 길을 걸었다. 재즈를 공부하기 위해 길옥윤이 미국 보스턴에 남고 패티김만 귀국하면서 사실상 별거 상태에 돌입했다. 일거수일투족이 대중의 관심 사항인 최정상의 가수였기에 홀로 귀국한 패티김은 당시 주간지에 '이민설'에다 '유태계 사업가 W씨가 새 애인', '주한 고위 미군 장성 모 씨와 동거 중' 등이 거론되며 온갖 스캔들에 시달리는 후폭풍을 겪었다.

패티김과 헤어져 홀로 미국에 남은 길옥윤은 한동안 생활이 불안정했다. 과거 일본에서도 그에게 엄청난 고통을 안겼던 술과 도박에 빠져 정신적으로도 방황했다. 패티김의 소회를 보면 그들의 부부 관계가 어 떠했는지 짐작할 수 있다.

음악적으론 환상적 콤비였지만 현실 부부 관계는 아니었어요. 그는 늘 만 취해 누군가에게 업혀서 집에 들어오곤 했습니다. 제가 별명을 '길삿갓' 이라 지어줬는데 여기저기서 술을 권하면 거절을 못 하고 먹고 마시고 잠 자고 했어요. 그는 하루하루를 치열하게 사는 분이고 저는 한 달, 1년을 계획하고 옆길로는 가지 않으려고 노력하고 살았던 피곤한 사람입니다. 서로 삶의 방식이 완전히 달랐던 거죠.

실제로 두 사람은 외모와 성격부터가 판이했다. 조용하고 선비 같은 이미지였지만 자유로운 영혼이었던 길옥윤과는 달리 화려하고 도도해 보였던 패티김은 오히려 자신에게 엄격하게 철저한 자기 관리를 해나갔 다. 그래서 대중은 모든 스캔들의 책임은 뭐 하나 아쉬울 것이 없어 보 였던 패티김에게 있으리라 오해한 구석이 있다. 실제로 만나본 패티김 은 무대 위에서 보여주는 카리스마 넘치는 모습과는 사뭇 달랐다. 패티 김에게 그녀의 노래 중에 〈미스터 리 흥분하다〉라는 코믹한 제목의 노 래가 담긴 음반을 보여주자 "어머 내가 이런 노래를 정말 불렀었나요?" 라며 웃음을 멈추질 않았다. 또한 한참 어린 나와 악수는 고사하고 기념 사진 촬영까지 정중하게 사양했다. 평생을 지긋지긋한 스캔들에 시달리며 살다 보니 자연스럽게 생겨난 경계심과 자기방어 때문일 것이다. 70세를 넘긴 나이에도 말이다.

길옥윤은 미국에서 갈피를 잡지 못했던 마음을 다잡고 1972년 5월 신곡 〈이별〉 〈서울의 모정〉 〈사랑의 기도〉를 만들어 돌아왔다. 서울 장충동 스튜디오에서 녹음해 발표한 〈이별〉은 MBC 금주의 인기가요에서 패티김을 5주 연속 정상에 서게 했다. 제목이 하 수상한 노래가 큰 인기를 모으면서 세간에는 이들 부부의 파경설이 모락모락 피어났다. 사실 아시아의 명곡으로 회자되는 〈이별〉의 원제목은 〈어쩌다 생각이 나겠지〉였다고 한다. 하지만 이미 이별하는 쪽으로 마음을 정리했던 패티김이 노래를 받은 후 제목을 〈이별〉로 정했다는 설이 있다. 4개월 후인 1973년 9월에 노래 제목처럼 두 사람은 이혼을 발표해 대중에게 충격을 안겨주었다.

〈이별〉은 이혼 발표와 더불어 신상옥 감독에 의해 동명의 영화로 개봉돼 더욱 화제가 됐다. 이혼 후 패티김은 모든 출연 스케줄을 취소하며 2개월간 두문불출했다. 그때부터 '패티가 이태리인과 결혼하고 이민 간다. 이혼은 그 남자 때문이다'라는 소문이 끊이질 않았다. 혼란스러운 와중에서도 1974년에는 앙드레김과 패션쇼를 펼치고 6월엔 이형표 감독의 영화 〈속 이별〉에 모녀가 동반 출연해 공전의 흥행 몰이로 건재함을 과시했다.

패티김과 길옥윤은 이혼은 했지만 음악적으로는 단절하지 않았다. 1974년 6월 제4회 도쿄 국제가요제에 길옥윤 곡 〈사랑은 영원히〉로 출

제4회 도쿄 국제가요제 입상 기념으로 발매된 길옥윤 작곡집 (1974년, 신세계레코드). 두 사람은 〈사랑은 영원히〉로 3위에 입상했으나 대상을 기대했던 패티김은 충격을 받아 일본 활동을 취소하고 미국으로 갔다.

전해 14개국 450곡 중에서 3위에 입상했다. 대상을 기대했던 패티김은 3위 입상에 충격을 받고는 일본 활동을 취소하고 미국으로 건너갔다. 그 뒤 패티김은 1976년 3월 오랫동안 열애설이 돌았던 이태리계 미국인 아바라도 게디니와 미국 뉴욕에서 재혼했다.

제2의 패티김 찾아서

길옥윤은 1973년 9월 이혼 기자회견을 열기 이틀 전 귀국했다. 신인 여가수 이주랑에게 일본어 〈이별〉을 취입시킨 것은 제2의 패티김 찾기에 이미 돌입했다는 뜻이었다. 패티김의 흔적을 지우기 힘들었던 길옥윤은 글래머 스타일 여가수를 선호했다. 〈슬픈 눈동자의 소녀〉라는 곡을 히트시킨 이숙도 유력한 기대주였지만 전속사 문제로 결별했다. 비슷한 시기에 〈향수에 젖어서〉로 인기를 얻었던 미8군 출신 가수 지은아도 기대감을 안겨주었지만 결혼으로 활동을 접었다. 제3의 후보는 미8군 출신 글래머 가수 이승연. 길옥윤은 일본에서 여섯 곡을 작곡해 1974년 3월 일시 귀국했다. 일면식도 없는 사이였지만 텔레비전 쇼 프로그램과 이승연이 출연한 영화 〈일요일의 손님들〉을 보고 '한국에서 가장 볼륨 있는 가수'로 가능성을 보았다. 그때 방은미도 만났다. 1967년부터 미8군 무대에서 활약한 방은영은 길옥윤과 손잡으면서 예명을 방은미로 지어 〈날이 가고 달이 가고〉, 〈청산별곡〉 등 열 곡을 발표했다. 하지만 패티김에 버금가는 빅스타급 가수를 찾기란 쉽지 않았다.

1975년 일본으로 돌아간 길옥윤에게 '김상사'라는 별명의 매니저 김병식이 찾아왔다. 제주도 출신의 작고 가냘픈 체구에 예쁜 가수를 소개했다. 오랜 음악 친구인 낙랑악극단 단장 김성택의 딸 김승주였다. 잠시 귀국한 길옥윤은 후배 작곡가 엄진의 소개로 김승주를 만났다. 2남 2녀 중 장녀인 그녀는 병으로 누운 부친을 대신해 가족의 생계를 위해 밤무대 무명 가수 생활을 전전하고 있었다.

처음 만났을 때 까무잡잡한 얼굴에 삐쩍 마른 소녀였어요. 몇 마디 말을 시켜도 고개를 푹 숙이고 모기 우는 소리만 하게 '네, 네' 대답만 하는 소극적인 성격인지라 전혀 기대를 하지 않았습니다. 단지 친구 딸이 어렵게 노래 활동을 하고 있다기에 제가 만든 노래 〈당신은 모르실 거야〉를 주었습니다.

'혜은이'라는 이름은 길옥윤과 김승주의 만남을 주선한 기획자 엄진이 지어준 예명이다. 큰 기대를 걸지는 않았지만 일본으로 돌아간 뒤에도 자신의 신곡에 아무 반응이 없자 제2의 패티김 찾기는 포기할 생각이었다. 그런데 예상하지 못한 일이 벌어졌다. 뒤늦게 라디오를 통해 노래가 알려지면서 신인 가수 혜은이에 대한 전화 문의가 오기 시작했고 TBC 텔레비전 〈쇼쇼쇼〉에 출연하면서 야단법석이 벌어졌다. 노래는 기본이고 귀여운 외모까지 겸비한 국민 여동생의 원조 혜은이 탄생의 서막이었다.

1977년 5월 문화체육관에서 열린 제1회 MBC 주최 서울가요제에 길옥윤과 함께 참가한 혜은이는 〈당신만을 사랑해〉를 불러 그랑프리를 수상했다. 길옥윤은 최우수 작품상을 수상했다. 이때 감격에 겨워 격렬하게 포옹한 두 사람에 대해 세간은 '수상하다'는 오해의 눈길을 보냈다. 오해는 루머로 몸집을 불려 신데렐라로 급부상한 혜은이와 오래 기간 독신으로 살아온 길옥윤의 동거설까지 나돌았다. 하지만 사망 직전 발간한 참회록에서 길옥윤은 결단코 사실이 아님을 고백했다.

돌풍은 계속됐다. 혜은이는 1978년 〈영원히 당신만을〉로 제1회 태평양가요제의 금상 수상에 이어 가수왕에까지 등극했다. 혜은이는 1976년부터 1982년까지 열세 장의 독집을 발표하며 〈감수광〉 〈제3 한강교〉 〈서

1970년대 일본 빅터레코드에서 발매한 패티 김의 《韓國힛트쏭앨범》. 〈노란 샤쓰의 사나이〉〈카스바의 여인〉〈목포의 눈물〉 등이 담겨 있다.

울이여 언제까지나〉〈사랑하는 당신이〉 등 길옥윤의 노래만 120곡을 취입했다. 자신감을 회복한 길옥윤은 1977년 연예 생활 30주년을 기념한 독집 《서울이여 언제까지나》를 발표하며 싱어송라이터로서의 정체성을 공표했다.

길옥윤의 음악 활동은 왕성히 이어졌다. 1978년 제2회 MBC 대학가요제 예심에 독특한 여대생 트로트 가수가 출전했는데, 모든 심사 위원이 왜색풍이 심하다는 이유로 탈락시키려 했지만 길옥윤의 선구안으로 본선에 올랐다. 바로 〈그때 그 사람〉을 불렀던 심수봉이다. 길옥윤은 1982년 뉴질랜드 오클랜드에서 열린 태평양가요제에도 심사 위원으로 참여해 최진희에게 금상을 안겼다. 이선희도 비슷한 경우다. 1984년 강변가요제 심사 때 혼성 듀엣 '4막 5장'으로 본선에 오른 이선희의 야무진 가창력에서 그는 가능성을 발견했다. 심사 위원장인 그가 〈J에게〉를

대상으로 뽑았기에 당시로서는 작고 촌스러워 보이는 외모의 이선희가
온 국민의 사랑을 받는 대가수가 될 수 있었다. 이처럼 길옥윤은 신인
발굴에 관심이 많았다. 혜은이를 필두로 1978년 세샘트리오(〈나성에 가
면〉), 1980년 이덕화(〈가슴으로 부르는 노래〉), 1986년 장혜리(〈연인의 마
음〉) 등 그가 발굴한 가수는 미다스의 손길을 받아 인기 몰이 행진을 벌
이는 마법을 일으켰다.

이별 뒤에도 사랑과 음악은 계속된다

길옥윤은 오랜 독신 생활을 청산하고 1979년 12월 28일 전연란과 재혼
해 둘째 딸을 낳았다. 이들 부부의 결혼에는 숨겨진 사연이 많다. 우선
장인이 신랑보다 한 살 어렸을 정도로 나이 차이가 많이 나서 신부 집
안의 반대가 엄청났다. 1980년 자신의 여성 관계를 모두 고백한 자서전
《영원히 당신만을》은 화제였다. 또한 레코드 회사의 횡포에 반발해 건
전한 제작 문화를 만들겠다는 취지로 작곡가 박춘석 등과 '태양음반'을
창설하며 제작자로 변신을 했다. 1983년 뒤늦게 경희대학교 치의과대
학원 과정을 수료한 길옥윤은 서울예술전문대학 교수와 한국음반저작
권협회장을 역임했다.

1988년 서울 올림픽 개최가 독일 바덴바덴에서 확정됐을 때 발표장
에서 우리나라 대표들이 불렀던 노래가 있다. 길옥윤의 곡 〈서울의 찬
가〉다. 이 노래는 세종문화회관 뒤에 노래비까지 세워지며 서울의 노래

1990년 한국과 일본에서 동시에 발매한 길옥윤의 앨범 《숙명》. 이 음반에는 길옥윤이 직접 작사 작곡하고 노래한 〈서울의 찬가〉〈1990년〉〈사랑하는 마리아〉 등이 담겨 있다.

로 공인됐다. 길옥윤과 올림픽에 얽힌 사연이 또 있다. 1988년 서울 올림픽 조직위원회는 공식 이미지 송 제작을 MBC에 의뢰했다. 수많은 응모 가사가 들어왔지만 해당작이 없었다. 전문가 20명을 위촉한 결과, 고 박건호의 〈아침의 나라에서〉로 결정됐다. 그 가사로 방송국은 신인부터 원로 작곡가까지 20여 명에게 작곡을 의뢰했다. 치열한 경쟁 끝에 최종으로 당대 최고의 작곡가인 길옥윤, 김희갑, 이범희 세 명이 남았다. 우열을 가리기 어려웠던 MBC는 세 명 작곡가의 노래를 누가 작곡했는지 숨기고 들려주는 방송을 했다. 청취자들이 보내오는 순위 엽서로 최종작을 결정하기로 했던 것이다. 원래 길옥윤의 노래를 부를 가수는 당시 인기 절정의 여가수 정수라였다. 한데 녹음 하루 전 과로로 쓰러져 트로트 가수 김연자가 대타로 나섰다. 트로트 가수라 걱정을 많이 했지만 아리랑 전주를 사용한 길옥윤 곡이 최종 선정됐고 김연자는 어부지리로 자신의 최대 히트곡을 얻게 됐다.

고음을 완벽히 부를 수 있을 때 무대를 떠나다

길옥윤이 패티김과 이별한 후에도 왕성하게 활동했듯이 패티김 역시 가수로서 입지를 키워갔다. 이뿐만 아니라 이탈리아계 미국인 아바라도 게디니와 뉴욕에서 재혼한 뒤 1980년 3월에 귀국한 패티김은 서울 강남구 서초동에 이탈리아 레스토랑을 개업하며 사업가로도 변신했다. 당시 국내 음악 활동은 대형 디너쇼에만 치중했던 탓에 지나친 거물 가수 행세를 한다는 비판도 받았지만 1983년 고영남 감독의 영화 〈밤이 무너질 때〉의 주제가와 25주년 기념 신보인 박춘석 곡 〈가을을 남기고 간 사랑〉을 히트시키며 존재감을 과시했다. 이 노래도 이듬해 정진우 감독에 의해 동명의 영화로 만들어졌다. 1989년에는 가수 생활 30년과 서울 올림픽 1주년을 기념하는 대형 공연을 세종문화회관 무대에 올리며 한국 팝의 대모로 평가받았다. 이뿐만 아니라 1993년에는 예술의 전당 야외 무대에서 노래 인생 35년을 결산했고 1994년에는 히트곡 〈서울의 찬가〉로 '자랑스러운 서울 시민 600인'에도 선정됐다. 1996년엔 대한민국연예예술 대상을 수상하며 화관문화훈장을 받았고 한국 여성단체연합 후원회장을 역임했다.

2008년 데뷔 50주년을 앞두고 패티김은 변신하기 시작했다. 이례적으로 세종문화회관 같은 대형 무대가 아닌 전국의 소극장을 찾아가는 전국 투어를 시작한 것이다. 패티김은 그때의 소감을 이렇게 술회했다.

〈객석으로〉라는 이름으로 소극장 공연을 하면서 많은 걸 느꼈습니다. 우선 객석의 열기가 그대로 느껴지더군요. 저를 직접 본 것이 처음이라는 사람이 대부분이라 놀랐어요. 지난번 강원도 공연 때는 기립 박수까지 쳐주고 눈물을 흘리는 분도 있더군요. 얼마나 감격스러운지 그동안 미안했다는 생각이 들었습니다.

패티김은 도도해 보이는 스타 이미지가 강해 팬과의 사이에 보이지 않는 경계선이 그어져 있던 것이 사실이다.

화려하고 행복했던 긴 노래 인생의 뒤엔 늘 외롭고 고독한 길이 함께 있었습니다. 그동안은 '스타'의 이미지를 지키려고 저 자신에게도 엄격했습니다. 후회는 없지만 이젠 절 사랑해준 팬들에게 겸손하고 친근하게 다가가고 싶습니다.

가수 인생 대미에 대중과 친숙해지려고 노력한 그의 소박한 변신은 더욱 값지게 느껴졌다. 칠순을 넘긴 한국 팝의 대모가 보여준 노래에 대한 변함없는 열정보다 인간미 넘치는 변신이 노래 이상의 감동으로 다가왔기 때문이다. 더불어 살며 편안한 이웃처럼 느껴질 때 가장 아름다

패티김의 히트곡 모음 3집 《패티김 Greatest Hit》(1973년, 신세계레코드). 〈이별〉〈서울의 모정〉〈바람따라 별따라〉 등이 수록돼 있다.

운 관계가 형성되는 것이 아니겠는가.

그녀는 무대에서 어린 가수들과 격의 없이 어울리며 젊은 세대의 음악도 소화해냈다. '2006 대한민국 음악대향연'에서 SG워너비와 합동으로 무대를 꾸몄고, 전국 투어 무대에서는 바다, 신효범과 함께했다. '앞으로 10년은 거뜬하게 더 활동해도 되겠다'는 덕담에 오히려 "활동만 오래 하는 것보다 정점에서 아름답게 물러나는 것이 더 중요하다고 생각한다"라는 그녀의 대답은 의미심장하다. 55년 동안 최고의 가창력으로 대중에게 아름다운 사랑 노래를 들려주며 감동을 선사했던 패티김은 2013년 10월 26일 55년 가수 인생의 마침표를 찍는 마지막 무대에 선 뒤 아름답게 무대를 떠났다.

하와이의 노을을 바라보는데 정말 화려하고 아름답고 황홀했어요. 서서히 햇빛이 내려가는 모습을 보며 저 노을처럼 모두의 기억에 아름다운 모습으로 남자고 결심했죠. 옛날과 똑같이 내 노래를 부를 수 있을 때 떠나자고 마음먹었습니다. 지금도 1974년에 발표한 〈사랑은 영원히〉라는 곡의 고음을 원키로 부르고 있어요. 고음을 완벽히 부를 수 있을 때 떠나고 싶었습니다.

사랑은 영원히

서울 올림픽이 끝난 뒤 일본으로 다시 건너갔던 길옥윤은 1994년 폐암 판정을 받고 영구히 귀국했다. 그해 6월 SBS 방송국에서 마련한 프로그램 〈길옥윤 이별 콘서트〉는 모두의 눈시울을 뜨겁게 한 감동의 무대였다. 생명의 끈이 얼마 남지 않았던 길옥윤은 패티김이 자신이 작곡한 〈사랑은 영원히〉를 노래하는 모습을 보고 싶어 했다. 패티김은 자존심 강한 길옥윤이 휠체어를 타고 대중 앞에 선다는 자체를 의심했고, 많은 사람은 이혼한 뒤 관계가 불편한데 패티김이 방송에 출연할 리가 없다고 생각했다. 그러나 패티김은 죽음을 눈앞에 둔 사랑했던 사람을 위해 그 어느 때보다 진심 어린 마음으로 〈사랑은 영원히〉를 열창했다. 비록 현실에서는 영원한 사랑을 이루지 못했지만 노래를 통해 두 사람은 이별의 아픔을 영원한 우정으로 승화하는 뭉클한 장면을 연출했다.

1995년 마지막으로 대중 앞에 모습을 보였던 길옥윤은 병마를 이겨

내지 못하고 세상을 떠났다. 영원한 음악 파트너 길옥윤의 영결식에 참석한 패티김은 〈서울의 찬가〉를 떨리는 음성으로 불러 참석자들의 눈시울을 적셨다. 그해 10월 25일 서울 세종로공원에는 피아노 형태로 조성된 〈서울의 찬가〉 노래비가 세워졌다. 이 노래비는 서울에 건립된 최초의 노래비로 기록됐다. 이뿐만 아니라 패티김은 길옥윤이 암 투병 중에 창작한 〈인형의 눈물〉 등을 모아 유작 앨범을 만들어 고인에게 헌정하기도 했다.

이처럼 멋있고 근사한 연애

패티김과 길옥윤이 나눈 짧지만 뜨거웠던 연애는 서로에게 엄청난 예술적 영감을 제공했다. 길옥윤은 패티김을 만나기 전부터 작곡을 했지만 작곡가로 빛을 발할 수 있었던 것은 패티김이라는 탁월한 보컬리스트를 만났기 때문이었다. 패티김 역시 이미 국제적인 가수로 성장하고 있었지만 '한국 팝의 대모'로까지 칭송받게 된 것은 그녀의 가창력과 역량을 정확하게 이해하고 그녀에게 최적화된 사랑 노래를 만들어준 작곡가 길옥윤이 있었기에 가능했다. 그런 점에서 패티김과 길옥윤의 연애는 한국인이 사랑하는 불멸의 사랑 노래가 탄생할 수 있도록 기름진 토양을 제공한 셈이다. 실제로 우리 모두를 감동시킨 길옥윤이 창작한 사랑 노래는 대부분 패티김과의 연애 시절에 탄생했고 이별 후에는 그 애절함과 강도가 현저하게 줄어들었다.

사랑을 노래한 대중가요는 넘쳐난다. 그 수가 너무 많아 진부하게 느껴지는 사랑 타령과 달리 패티김과 길옥윤의 사랑 노래가 세련되고 고급스럽게 여겨지는 것은 진심을 담아냈기 때문이 아닐까. 만약 이들의 연애가 단순한 남녀상열지사였다면 빛나는 명곡은 탄생할 수 없었을지도 모른다. 누구나 뜨거운 연애 과정을 거쳐 결혼해 자식을 낳고 일상에 부대끼면서 살다 보면 흐르는 세월만큼이나 뜨거웠던 연애 감정의 온도는 식어가는 법이다. 변해버린 서로의 마음을 알아채고 이별을 택했던 두 사람의 결정이 근사하게 갈무리될 수 있었던 이유는 명확하다. 음악 파트너로서 서로를 존중하고 최후의 순간까지 최고로 인정했던 견고한 믿음 때문이다. 임종을 앞두고 성사된 텔레비전 콘서트에 앞서 길옥윤에게 병문안을 갔던 패티김의 "역시 옛 친구가 제일"이라는 말이 생각난다. 대중가요사상 이처럼 멋있고 근사한 연애 이야기를 남긴 세기의 커플이 또 탄생하기는 어려울 것이다.

“저는 그녀를 사랑하고,
그녀 역시 온 마음으로 저를 사랑하고 있습니다.
이보다 더 좋은 여자를 바랄 수 있을까요?”

음악의
힘으로 **죽음**의
어둠을
이겨나가리

Musicians In Love

모차르트 & 콘스탄체 이채훈

글쓴이 **이채훈**

서울대학교 철학과를 졸업한 뒤 30년간 MBC의 다큐멘터리 PD로 일했다. 다큐멘터리 〈이 제는 말할 수 있다〉 시리즈를 통해 제주 4·3 사건, 여순 사건, 보도 연맹 등 한국 현대사의 비 극을 정면으로 추적했고, 〈모차르트, 천 번의 입맞춤〉〈빈의 선율, 마음에서 마음으로〉〈정상 의 음악가족 정트리오〉 등 음악 다큐멘터리를 연출했다. 방송대상, 통일언론상, 삼성언론상 을 수상하는 등 PD로서 탁월한 역량을 여러 차례 인정받았으며, 방송사를 떠난 뒤에는 칼럼, 인터넷 방송, 강연 등을 통해 평소 관심이 많았던 인문학과 클래식 음악의 흥미로운 이야기 를 자신만의 시각과 대중적 언어로 소개하고 있다. 지은 책으로 《클래식 400년의 산책 1》《클 래식, 마음을 어루만지다》《내가 사랑하는 모차르트》가 있다.

1791년 12월 5일 새벽, 모차르트가 숨을 거두었다. 죽음의 병상을 지킨 사람은 아내 콘스탄체와 처제 조피였다. 콘스탄체는 모차르트의 생명을 빼앗아 간 병에 걸려서 자기도 함께 죽겠다며 그의 시신을 껴안은 채 울부짖었다. 처제 조피의 증언이 전해진다.

제가 그렇게 애원했지만 언니는 모차르트에게서 몸을 떼지 못했어요. 언니의 슬픔은 점점 더 커졌어요. 그 무서운 밤이 지나고 사람들이 울고 탄식하며 그의 시신에 이별을 고하자 비로소 언니는 그의 몸에서 떨어졌습니다.

조피에 따르면 모차르트는 세상을 떠나는 마지막 순간까지 아내 콘스탄체를 염려했다. "글쎄, 나는 이미 내 혀로 죽음을 맛보았어. 처제가 가버리면 내가 죽은 뒤에 누가 사랑하는 콘스탄체를 도와주겠어?" 모차르트는 완성하지 못한 〈레퀴엠K.626〉의 팀파니 파트를 입으로 웅얼거리다가 의식을 잃었고, 영영 깨어나지 못했다.

피와 살의 인간, 모차르트

음악사상 가장 뛰어난 천재 볼프강 아마데우스 모차르트Wolfgang Amadeus Mozart, 1756~1791, 그가 서른다섯 살 짧은 생애에 600여 곡에 이르는 불멸의 음악을 남겼다는 사실을 모르는 사람은 없다. 여섯 살 아래의 아내 콘스탄체 베버Constanze Weber, 1762~1842, 그녀는 모차르트와 결혼해 여섯 아이를 낳았는데, 그중 살아남은 두 명을 어른으로 키웠다. 모차르트와 결혼했다는 이유 하나만으로 후대 사람들은 그녀에게 지극한 관심의 눈길을 보내곤 했다. 두 사람의 사랑은 음악 애호가와 전기 작가에게 각별한 호기심을 일으켰다. 숱한 연구서는 물론, 줄리엣 월드런의《모차르트의 아내Mozart's Wife》, 스테퍼니 카우웰의《모차르트와 결혼하기Marrying Mozart》, 레아 징어의《모차르트의 연인, 콘스탄체》등 여러 소설이 나와 있다. 콘스탄체를 주인공으로 소설을 쓴 사람이 대부분 여성이었다는 점도 흥미롭다.

모차르트 역시 한 여성과 결혼하고 아이를 키운 피와 살의 인간이었다. 그는 결혼 생활에서 안식과 평화를 추구했고, 충실한 남편이 되고자 노력했다. 두 사람의 사랑은 화려하거나 극적이지 않다. 베토벤의 '불멸의 연인'이나 브람스와 클라라의 정신적 사랑처럼 낭만적 아우라를 갖

35세로 생을 마감한 음악사상 가장 뛰어난 천재 모차르트. 그도 한 여인과 결혼하고 아이를 낳아 가정을 꾸린 피와 살의 인간이었다.

고 있지도 않다. 쇼팽과 상드, 말러와 알마, 차이코프스키와 폰 메크의 사랑처럼 '밀당'과 결별이 있는 매혹적인 드라마도 아니다. 책임과 배려, 인내와 관용으로 채워나간 일상적이고 현실적인 사랑일 뿐이었다. 미국 작가 리넷 어원은 "콘스탄체와의 관계는 너무 지루하기 때문에 쓰기 싫다"라고 말하기도 했다(리넷 어원의 웹 문서 '낸시 스토라체와 모차르트의 사랑 이야기The Love Story of Nancy Storace and Wolfgang Mozart' 참조).

모차르트는 음악 자체가 존재 이유였고 언제나 사랑과 자유의 음악 혼에 취해 있는 사람이었다. 꽃과 바위와 나무에서 사랑을 느낀 꼬마 케루비노,[1] 파티장에서 "자유 만만세"를 외친 돈 조반니,[2] 아내든 애인이든 사랑만 있으면 살 수 있다고 노래한 새잡이 파파게노[3]는 모두 그의 분신이었다. 모차르트는 돈 조반니 같은 파렴치한 유혹자가 결코 아니었다. 그러나 상식과 규범의 틀에 가둘 수 있는 평범한 사람도 아니었고, 콘스탄체와의 만남이 '운명적'인 사랑도 아니었다. 그는 누구에게나 성실하고 따뜻하고 유머와 호의와 선의에 가득 찬 인물이었기에 여러 여성 음악가의 마음을 끌었고, 이 때문에 콘스탄체는 마음고생을 하지 않을 수 없었다. 모차르트처럼 상상을 초월하는 천재와의 결혼은 위험한 일이었는데, 콘스탄체는 이 점을 잘 몰랐을 것이다. 결혼 생활 내내 남편의 영혼이 피안의 음악에 사로잡혀 있었기 때문에 그녀는 자주 외로움을 느꼈을 것이다.

모차르트의 용모는 평범했다. 160센티미터의 키에 얼굴에는 어릴 적 앓은 천연두 때문에 곰보 흔적이 있었다. 최초의 전기를 쓴 프란츠 니메체크Franz Niemetschek, 1766~1849에 따르면 형형하게 빛나는 그의 두 눈만은 여느 사람과 달랐다고 한다. 그는 우울한 표정을 지을 때가 많았지만 피아노 앞에 앉으면 얼굴이 환하게 빛났다. 모든 것을 꿰뚫을 듯 반짝이면서 다양한 감정의 변화와 뉘앙스를 내뿜는 예민한 눈……. 누나 난넬(모차르트의 누나 마리아 안나Maria Anna, 1751~1829의 애칭)은 어릴 적 모차르트를 이렇게 회상했다. 그는 연주하기 직전 꼭 "나를 사랑해?"라고 묻곤 했는데, 어느 날 난넬이 장난으로 "아니"라고 대답하자 눈물을 글썽였다는 것이다. 어린 모차르트는 사랑을 갈구한 섬세한 영혼이었고, 이런 특징은 평생 지속된 듯하다.

동서가 된 연극배우 요제프 랑게Joseph Lange, 1751~1831에 따르면 모차르트는 중요한 작품에 몰두할 때나 대화를 나눌 때 어른이라는 느낌이 들지 않았다고 한다. "그는 혼란스럽고 두서없이 얘기했을 뿐 아니라, 내

모차르트 아버지 레오폴트의 허락을 얻어 1763년에 그려진 어린 모차르트의 초상. 어린 시절의 모차르트는 피아노 앞에 앉으면 얼굴이 환하게 빛났고, 누나에게 사랑을 갈구하는 섬세한 영혼이었다.

면의 긴장감을 외면의 가벼움 속에 숨기거나 자기 음악의 신성한 특징을 평범한 일상의 생각과 대비시키고 자기를 반어적으로 표현하기를 즐겼던 것 같다"(말테 코르프,《아마데우스 모차르트》, 86쪽). 베토벤, 쇼팽, 말러, 차이코프스키, R. 슈트라우스가 숭배했고 드보르자크가 "태양과 같다"라고 말한 모차르트의 영혼, 그것은 곧 음악 자체였다.

몰락한 가문의 악보 필경사의 딸

콘스탄체는 어떤 여성이었을까? 먼저, 그녀의 이미지에 덧씌워진 편견의 벽을 허물지 않으면 안 된다. 밀로시 포르만 감독의 영화 〈아마데우스〉(1984)는 전 세계에 모차르트 붐을 일으킨 역작이지만, 모차르트와 콘스탄체에 대해 그릇된 선입견을 퍼뜨린 것 또한 사실이다. 이 영화가

콘스탄체의 초상. 사치스럽고 계획성 없고 세상 물정 모르는
이기적인 여성이라는 콘스탄체에 대한 세상의 편견은 모차르
트의 아버지 레오폴트의 인식에서 시작됐다.

픽션에 불과하다는 점을 잘 아는 관객마저 '모차르트가 재능은 뛰어났
지만 인간적으로 덜떨어진 철부지'라는 편견에 갇히곤 했다. 콘스탄체
는 사치스럽고 계획성 없고 세상 물정 모르는 이기적인 여성으로 그려
졌고, 이러한 이미지가 관객의 의식에 스며들었다. 연회장 테이블 아래
서 두 사람이 희롱하는 장면, 오페라 〈후궁에서 구출하기〉Die Entführung aus
dem Serail, K.384〉[4] 공연이 끝나고 무대 위에서 벌어지는 추태, 시아버지 레
오폴트Leopold Mozart, 1719~1787 앞에서 철없이 구는 장면, 남편의 취업을 부
탁하려고 살리에리Antonio Salieri, 1750~1825에게 몸을 맡기는 장면 등은 모두
허구다.

콘스탄체에 대한 편견은 두 사람의 결혼을 결사반대한 아버지 레
오폴트의 인식에서 비롯됐다. 콘스탄체의 어머니 체칠리아Cäcilia Weber,
1727~1793는 남편 프리돌린Fridolin Weber, 1733~1779이 죽은 뒤 술을 많이 마셔

서 알코올 중독 혐의가 있었던 게 사실이다. 체칠리아는 빈에서 '신의 눈'이란 이름의 하숙집을 운영해서 딸들을 부양했는데, 모차르트는 빈에 도착한 1781년 5월부터 아홉 달 동안 이곳에 살았다. 레오폴트는 순진한 아들이 이 음습한 하숙집에서 모녀의 흉계에 넘어가 결혼의 올가미에 걸려든 게 아닌지 의심했다. 오토 얀^{Otto Jann} 등 초기 전기 작가들은 레오폴트의 이러한 시각에 동조해 콘스탄체를 부정적으로 묘사했다. 그들은 모차르트라는 위대한 천재가 콘스탄체라는 평범한 여자와 결혼한 걸 은근히 못마땅하게 여겼다.

콘스탄체는 모차르트가 매장되는 현장에 가지 않았을 뿐 아니라, 그후 17년 동안 단 한 번도 성묘를 하지 않았다. 이 사실은 그녀가 모차르트를 진심으로 사랑했는지 의심하게 하는 근거가 됐다. 훗날 그녀는 너무 아파서 묘지에 갈 수 없었다고 설명했는데, 그녀를 미워하는 전기 작가들은 말도 안 되는 변명이라며 코웃음을 쳤다. 콘스탄체는 덴마크 외교관 게오르크 니센^{Georg Nissen, 1761~1826}과 재혼하기 직전인 1808년, 니센의 제안으로 그와 함께 모차르트의 묘를 딱 한 번 방문했을 뿐이다. 영국의 역사가 프랜시스 카^{Francis Carr}는 《모차르트와 콘스탄체^{Mozart & Constanze}》에서 그녀가 모차르트의 장례에 신경을 전혀 쓰지 않았기 때문에 이 위대한 음악가의 시신이 어디 있는지조차 알 수 없게 됐다며 극렬하게 비난을 퍼부었다.

콘스탄체는 실제로 천박하고 이기적인 여성이었을까? 1781년, 두 사람이 깊은 관계가 됐다는 사실을 눈치챈 콘스탄체의 어머니 체칠리아는 법률 대리인을 앞세워 "콘스탄체와 결혼하지 않을 경우 1년에 300휠던을 지불한다"라는 내용의 계약서를 모차르트에게 내밀었다. 곤혹스러워하는 그의 앞에 콘스탄체가 나서서 계약서를 찢어버렸다. "이런 거필요 없어요. 저는 모차르트 씨를 믿고 그걸로 충분해요." 모차르트 또한 이 에피소드를 고향 잘츠부르크의 아버지에게 보낸 편지에서 언급한다. "저는 어떻게 해마다 (그녀의 어머니에게) 300휠던을 줘야 할지 고민할 필요가 없었어요. 제가 그녀를 버리는 일은 없을 테니까요. 그녀 또한 자기가 돈으로 환산돼 계약서에 오르는 걸 허용할 정도로 자존심 없는 여자는 아닙니다"(아버지에게, 1781. 12. 15). 이 에피소드마저 순진한모차르트를 감동시키기 위해 모녀가 연출한 쇼라고 폄하하는 사람이 있다. 하지만 콘스탄체는 나름 심지가 굳은 여성이었고, 중요한 것은 모차르트가 그녀를 사랑해서 결혼 상대로 선택했다는 사실이다.

사랑과 자유의 음악 혼에 취해 있던 모차르트는 결혼에서 안정과 평화를 찾고자 했다. 콘스탄체란 이름은 '충실한, 안정된'이라는 뜻이다. 소박하고 진실되고 생활력 있는 콘스탄체가 이상적인 배우자로 보인 건자연스러웠다. 1781년 12월, 아버지에게 보낸 편지에서 모차르트는 그녀를 이렇게 묘사했다.

여기 내 사랑하는 여인 콘스탄체가 있습니다. 그녀는 못생기지는 않았지만, 미인이라고 할 수도 없습니다. 그녀에게서 아름다운 부분은 작고 검은 두 눈과 몸매뿐입니다. 그녀는 재기 발랄한 언변은 없지만, 아내이자 어머니로서 자기 의무를 다할 건강한 분별력은 충분합니다. 그녀는 낭비벽이 없습니다. 그런 소문은 사실과 거리가 멉니다. 오히려 그녀는 검소한 옷차림에 익숙합니다. 경제적 여유가 별로 없기 때문에 그녀의 어머니는 두 언니에게 신경을 쓸 뿐 그녀에게는 아무것도 해주지 않습니다. 그녀는 여자들이 해야 하는 대부분의 일을 거뜬히 해낼 능력이 있습니다. 그녀는 매일 직접 머리를 매만집니다. 그녀는 살림을 할 줄 알고, 이 세상 누구보다도 착한 마음씨의 소유자입니다. 저는 그녀를 사랑하고, 그녀 역시 온 마음으로 저를 사랑하고 있습니다. 이보다 더 좋은 여자를 바랄 수 있을까요? 아버지에게, 1781. 12. 15

그는 콘스탄체의 건강하고 발랄한 몸매에도 끌렸을 것이다.

본능의 목소리는 남들처럼, 아니 남들보다 더 크게, 제 안에서 아우성칩니다. 하지만 요즘 젊은이처럼 놀아날 생각은 없습니다. 순진한 처녀를 유혹하기에는 명예를 무척 소중히 여기니까요. 매춘을 하러 다니는 건 끔찍하고 혐오스럽습니다. 병에 걸릴까 두렵기도 하고요. 저는 그런 짓을 한 적이 전혀 없습니다. 아버지에게, 같은 날

하지만 두 사람의 결혼은 아버지와 누나의 격렬한 반대에 부딪혔다. 왜 결혼해야 하는지 설명하는 건 어렵지 않았다. 하지만 상대가 왜 하필 콘스탄체여야 하는지 설득하는 건 불가능했다. 모차르트는 콘스탄체가

훌륭한 음악적 소양을 갖추고 있다고 강조했다. 이 결혼으로 자신이 모차르트 가문에서 멀어지는 게 아니라 오히려 모차르트 가문이 한 명 늘어나게 되는 셈이라고 주장했다. 모차르트는 1782년 초에 작곡한 〈환상곡과 푸가 C장조K.394〉의 악보를 누나에게 보내며 이렇게 썼다(푸가는 '도망가는 곡'이란 뜻으로, 주제 하나가 앞서가고 이를 닮은 다른 주제가 뒤쫓아 가는 음악 양식이다. 바흐가 푸가를 집대성했고, 모차르트, 베토벤, 말러 등 후대 작곡가들이 이 기법으로 음악을 풍요롭게 했다).

이 푸가가 세상에 나오게 된 건 실제로는 나의 사랑하는 콘스탄체 덕분이야. 매주 일요일 들르는 반 슈비텐 남작 집에서 헨델과 바흐의 작품들을 내가 연주해주자, 남작은 그 악보들을 집에 가져가서 마음껏 연구해도 좋다고 했어. 콘스탄체는 이 푸가들을 듣자마자 홀딱 반했지. 그녀는 요즘 푸가, 특히 바흐와 헨델의 작품 이외에는 듣지도 않아. 그녀는 내가 머릿속으로 만든 푸가를 연주하는 걸 여러 번 듣더니 악보에 써놓았냐고 묻더군. 아직 안 썼다고 했더니 모든 음악 중 가장 아름다운 이 푸가를 기록하지 않는 게 말이 되냐고 부드럽게 나무라더군. 그래서 쓴 게 바로 이 푸가야. 누나에게, 1782. 4. 20

콘스탄체도 모차르트의 가족을 설득하기 위해 직접 나섰다. 콘스탄체는 아버지 레오폴트에게는 감히 말을 걸 수 없었지만, 누나 난넬에게는 우정의 손을 내밀었다. 모차르트는 누나에게 보낸 편지에 콘스탄체

이탈리아 화가 크로체가 1780년경에 그린 모차르트 가족. 왼쪽에 누나 난넬, 가운데에 볼프강, 오른쪽에 레오폴트 모차르트가 앉아 있고 벽에 죽은 어머니의 초상화가 걸려 있다. 레오폴트와 난넬은 모차르트와 콘스탄체의 결혼을 강하게 반대했다.

의 짧은 편지를 동봉했다.

당신의 동생이 괜찮다고 하지 않았다면 이렇게 대담하게 편지를 쓸 수 없었을 것입니다. 아직 알지 못하는 사이지만, 당신은 모차르트라는 이름을 갖고 계시기 때문에 제겐 무척 소중한 분입니다. 그토록 훌륭한 동생의 누나라는 사실 하나로 저는 당신을 사랑하며, 감히 당신의 우정을 바라고 있습니다. 그럴 자격이 제게 조금은 있다고 감히 말씀드리며, 저 또한 마음을 바쳐서 우정으로 보답하겠습니다. 콘스탄체가 난넬에게, 같은 날

난넬은 콘스탄체의 편지에 답장을 하지 않았다. 가족의 반대에 자존심 상하고 스트레스를 받은 콘스탄체는 결혼을 포기하겠다고 적어도 세 번 말했다(Francis Carr, *Mozart & Constanze*, 46쪽). 아버지와 누나는 왜 이토록 강력하게 두 사람의 결혼을 반대했을까? 유럽 최고의 천재 볼프강

잘츠부르크에 있는 모차르트 생가.

이 안정된 궁정에서 일자리를 얻으면 돈과 명예를 거머쥐는 건 시간문제며, 결혼 상대는 대부호나 귀족 가문의 딸이어야 한다고 생각했을 것이다. 볼프강의 결혼으로 가족 전체의 신분이 한 단계 상승하기를 바랐음 직하다. 콘스탄체는 이런 가족의 기대에 한참 모자라는 여자였다. 모차르트는 "사랑이 중요할 뿐 돈 때문에 결혼하지 않겠다"라고 항변했지만 아버지와 누나에게 아무 설득력이 없었다.

아버지가 볼 때 콘스탄체의 집안은 끔찍했다. 콘스탄체의 아버지 프리돌린 베버는 몰락한 가문의 악보 필경사에 불과했다. 프리돌린은 오페라에 대해 잘 아는 상냥한 사람으로, 만하임에서 모차르트와 무척 친해졌다. 그의 네 딸은 모두 유능한 소프라노로, 모차르트를 좋아하고 따랐다. 1777년 모차르트는 만하임에서 프리돌린 베버의 집에 들락거리며 가족처럼 지냈다. 동행했던 어머니 안나 마리아는 남편에게 이렇게 썼다. "볼프강은 친구를 사귀면 제 목숨과 재산을 내주려 하는 아이예요." 아버지는 이 수상쩍은 가문을 못마땅해했다. 아들이 일자리 구할 생각은 않고 아무 영양가 없는 집안에서 빈둥빈둥 소일하고 있다는 의심을 감출 수 없었다.

베버 가문은 레오폴트의 생각처럼 그렇게 형편없지 않았다. 프리돌린의 네 딸은 만하임의 카톨릭 학교인 노트르담 교구에서 프랑스어를 배웠고 종교 교육을 받았다. 그들은 아버지에게 음악 교육과 노래 훈련을 받은 유망한 성악가였다. 프리돌린의 동생 프란츠 안톤의 아들이 바로 〈마탄의 사수〉를 작곡한 카를 마리아 폰 베버Carl Maria von Weber, 1786~1826였다. 프리돌린의 딸들은 유명한 작곡가 베버의 사촌 누나였던 것이다.

베버가의 네 딸과 모차르트

모차르트가 맨 처음 마음을 준 사람은 프리돌린의 둘째 딸 알로이지아Aloysia Weber, 1760~1839였다. 큰딸 요제파Josepha Weber, 1758~1819는 훗날 〈마술피리Die Zauberflöte, K.620〉를 초연할 때 밤의 여왕을 맡은 뛰어난 소프라노였고 요리 솜씨가 좋았지만 이성으로서는 모차르트의 관심 밖이었다. 그때만 해도 셋째 콘스탄체와 막내 조피Sophie Weber, 1763~1846는 너무 어려서 모차르트의 눈에 들어오지 않았다. 반면 알로이지아는 용모도 빼어났고, 성악가로서 카리스마도 있었다. 모차르트는 그녀를 위해 무료 음악 선생을 자처했고, '그녀의 몸에 딱 맞게 재단한 옷처럼 만든' 아리아 〈이 마음이 어디서 오는지 모르겠네Non so d'onde viene, K.294〉를 작곡해주었

베버 가문의 둘째 알로이지아. 모차르트가 처음 베버 가문과 교류했을 때 그는 네 딸 중 둘째 딸 알로이지아를 좋아했다.

으며, 그녀를 이탈리아로 데려가서 화려하게 데뷔시킬 꿈을 꾸었다. 모차르트는 베버 가족의 음악 재능을 강조해서 아버지를 설득하려 했다. "그녀의 아버지는 제 아버지를 닮았고, 가족 전체는 모차르트 가족을 닮았습니다"(아버지에게, 1778. 2. 4).

아버지는 완강히 반대했지만, 결국 그럴 필요가 없었음이 드러났다. 알로이지아가 모차르트에게 '딱지'를 놓았기 때문이다. 그녀는 모차르트의 호의를 감사히 받아들였지만, 그가 얼마나 위대한 음악가인지 짐작도 못 했고 매력 있는 남자로 여긴 것 같지도 않다. 1778년 말, 모차르트가 불행했던 파리 여행을 마치고 뮌헨으로 찾아갔을 때, 알로이지아는 냉담한 표정으로 의례적인 인사만 건넸다. 이미 스타 성악가로 떠오른 그녀는 모차르트라는 음악 선생이 더 이상 필요하지 않았다. 그는 짝사랑의 쓴맛을 보아야 했다. 그해 마지막 날, 모차르트는 아무 일도 하지 못하고 눈물만 흘렸다. 그는 아버지에게 썼다. "많은 슬픔과 약간의 즐거움, 그리고 몇 가지 참을 수 없는 일들로 이뤄진 제 일상……"(아버지에게, 1778. 12. 31).

모차르트가 결혼을 생각한 두 번째 여자는 사촌 누이 마리아 안나 테클라Maria Anna Thekla Mozart, 1758~1841(애칭 '베슬레', 작은 사촌 누이라는 뜻)였다. 알로이지아에게 거절당한 모차르트는 어릴 적부터 친하게 지낸 베슬레를 만나서 위로받는다. 그녀는 유쾌한 농담을 주고받은 친구로, 모차르트가 그녀에게 보낸 열 통의 편지는 '베슬레 편지'라 부른다. 지극히 사적이고 농밀한 얘기로 가득한 이 편지는 두 사람이 정서적으로 아주 친밀했음을 보여준다. 베슬레는 모차르트와 함께 잘츠부르크까지 와서 두 달 반 동안 머물다 돌아갔고, 그 후 두 사람의 따뜻한 우정은 점차 식어갔다.

모차르트가 베버 가문을 다시 만난 것은 1781년 6월, 빈에서 콜로레도 대주교의 부관 아르코 백작에게 엉덩이를 걷어차이고 쫓겨날 무렵이었다. 대주교의 하인 신분을 벗어나 자유 음악가로 홀로 선 그는 자기 음악의 힘을 확신하는 천재였다. 이 시절 작곡한 음악은 그의 작품 중 가장 생기 있고 발랄하다. 그러나 모차르트는 외로웠고, 가족이 그리웠다. 콘스탄체와 조피는 그를 친절하고 상냥하게 대해주었다. 그가 사랑했던 알로이지아는 이미 연극배우 요제프 랑게와 결혼한 뒤였다. 언니에게 버림받은 모차르트를 콘스탄체와 조피는 친오빠처럼 따랐다. 그들과 함께 보내는 저녁 시간에 모차르트는 안식을 느꼈다.

이 무렵 쓴 매혹적인 〈피아노를 위한 알레그로 Bb장조 K.400〉의 악보 위에 모차르트는 '콘스탄체'(링크 1:56~2:00), '조피'(링크 2:00~2:04)라고 써 넣은 뒤 작곡을 중단했다. 애틋하고 사랑스러운 이 대목은 모차르트가 두 사람을 얼마나 예뻐했는지 느끼게 해준다. 미완성의 악보 위에 열아홉 살 콘스탄체와 열여덟 살 조피, 이 한 살 터울의 자매 이름을 차례로 써 넣은 이유는 뭘까?

〈피아노를 위한 알레그로 Bb장조〉
https://youtu.be/bOTbym4RVvQ (포르테피아노 연주 : 바르트 반 오르트)

모차르트는 결국 콘스탄체를 택했다. 큰딸 요제파는 "게으르고 조악하며, 여우처럼 교활해서 믿을 수 없는 여자"였다. 둘째 알로이지아는 "악의와 허영심이 가득하고 수다스러운 여자"로 이미 랑게 부인이 돼 있었다. 막내 조피는 "착하긴 하지만 너무 어려서 머릿속에 아무것도 든 게 없는 아이"로, "하느님이 그녀를 사악한 유혹에서 지켜주시길 바랄 뿐"이라 했다. 반면 셋째 콘스탄체는 "이 가족의 순교자"로, "바로 그 이유 때문에 가장 친절하고 영리하며 네 자매 중 최고"라는 것이었다(아버지에게, 1781. 12. 15). 콘스탄체를 칭찬하기 위해 다른 자매들을 깎아내린 것은 그리 아름답지 않아 보이지만, 설득력을 높이기 위한 수사법이었을 것이다. 모차르트는 베버의 네 딸 중 왜 콘스탄체를 선택했는지 장황하게 설명했지만, 아버지 입장에서 보면 베버의 딸이라는 바로 그 이유 때문에 절대 허락할 수 없는 결혼이었다.

4월 29일에는 모차르트와 콘스탄체의 관계가 깨져버릴 위기가 오기도 했다. 파티 자리에서 콘스탄체는 어떤 남자에게 자기 종아리를 재는 것을 허락했다. 그녀는 마냥 조신한 처녀가 아니라, 장난기 넘치는 베슬레의 '유순한 변형'과 같았다(피터 게이, 《모차르트》, 111쪽). 모차르트는 문란한 짓을 했다며 그녀를 질책했고, 마음이 상한 콘스탄체는 모차르트에게 절교를 선언했다. 그날 밤 모차르트는 장문의 편지로 콘스탄체의 마음을 달래주어야 했다.

한번 결심한 모차르트는 변치 않았고, 콘스탄체도 모차르트에게 모든 걸 맡기기로 했다. 콘스탄체는 외모가 무대에 서기에 좀 미흡했을 뿐, 언니 요제파나 알로이지아에게 뒤지지 않는 실력의 소프라노였다. 모차르트는 이런 그녀를 위해 노래 연습곡인 〈솔페지오K.393〉을 작곡해주었다. 이 무렵 모차르트는 독일어로 된 오페라 〈후궁에서 구출하기〉에 모든 열정을 쏟고 있었다. 터키의 후궁에 잡혀 있는 여주인공의 이름은 콘스탄체였다. 그녀는 파샤 셀림의 구애를 거절한다. 파샤 셀림은 그녀가 끝까지 자기를 거부하면 고문을 가해서라도 그녀를 자기 것으로 만들겠다고 한다. 이때 그녀가 부르는 노래 〈어떤 고문이 기다린다 해도Martern aller Arten〉는 흔들리지 않는 숭고한 마음을 노래한다.

어떤 고문이 기다린다 해도 나는 웃어주리라.

어떤 고통과 아픔도 나를 흔들 수 없으리.

오직 진실이 함께할 때 두려울 게 뭐가 있을까.

어떤 끔찍한 명령이든 내리세요, 미친 듯 협박하고 처벌하세요.

죽음으로 해방될 때까지 저는 흔들리지 않을 거예요.

모차르트 〈후궁에서 구출하기〉 중 2막
콘스탄체의 아리아 '어떤 고문이 기다린다 해도'
https://youtu.be/ruM8d4vcGec (소프라노 : 에디타 그루베로바)

이 오페라는 1782년 7월 16일, 빈의 부르크테아터에서 초연됐다. 관객 속이 있던 콘스탄체는 무대 위의 콘스탄체를 지켜보고 있었다. 당대의 프리마돈나 카타리나 카발리에리가 주연을 맡았다. 콘스탄체는 오페라 속의 콘스탄체가 자신이라고 느낄 수밖에 없었다. 연인 벨몬테는 콘스탄체를 구하기 위해 후궁에 잠입한다. 두 사람은 재회의 기쁨을 나누지만 탈출 직전 체포돼 파샤 셀림 앞으로 끌려온다. 죽음을 피할 수 없다고 생각한 두 사람은 "함께 죽게 돼서 행복하다"라고 노래한다. 이 마지막 이중창이 흐르는 동안 파샤 셀림의 모습에 모차르트 아버지 레오폴트가 겹쳐진다. 결국 이 노래는 모차르트와 콘스탄체가 결혼을 허락해달라고 레오폴트에게 간청하는 내용 아닌가. 기적이 일어난다. 파샤 셀림은 벨몬테와 콘스탄체의 사랑에 감동해 두 사람을 풀어주기로 결정한다.

〈후궁에서 구출하기〉는 모차르트와 콘스탄체의 사랑과 결혼, 그 기념

비였다. 루머와 갈등의 어둠에서 화해와 결혼의 빛으로 콘스탄체를 구해 오는 모차르트 자신의 이야기였다. 두 사람은 1782년 8월 4일 슈테판 성당의 엘리기우스 소강당에서 결혼식을 올렸다.

위태로운 천상의 아우라

결혼 초기, 두 사람은 행복했다. 자유 음악가 모차르트는 빈에서 성공했다. 귀족과 성직자 취향에 맞는 음악을 써야 하는 의무에서 벗어나, 집집이 피아노를 갖기 시작한 신흥 시민 계급을 위해 작곡했다. 모차르트의 새로운 음악은 "길거리의 마부들이 휘파람으로 부를 수 있을 만큼 쉬우면서도 전문 음악가들까지 만족시키는 음악"이었다. 아카데미 예약 연주회를 열어서 자기 작품을 연주했고, 귀족 딸들에게 피아노 레슨을 해 수입을 올렸다. 〈후궁에서 구출하기〉에 만족한 황제 요제프 2세는 그의 예약 연주회까지 참석했다. 모차르트는 1년에 오페라를 하나씩 작곡하는 기염을 토하며 빈 음악계의 새로운 스타로 떠오르기 시작했다.

모차르트는 아침 6시에 일어나 7시까지 옷매무새를 정리하고, 9시까지 작곡을 하고, 오후 1시까지 레슨을 했다. 누군가의 초대를 받는 경우가 아니면 2~3시까지 점심 식사를 하고, 오후 5시까지 작곡을 조금 더 하고, 저녁에는 연주회를 하든지 밤 9시까지 작곡을 했다. 급한 일거리가 있으면 새벽 1시까지 작곡하기도 했지만 다음 날은 어김없이 아침 6시에 일어났다. 황제 요제프 2세가 모차르트에게 "왜 돈 많은 여자랑 결혼하지 않았느냐"라고 묻자 모차르트는 대답했다. "저의 재능으로 얼마든 지 돈을 벌어서 제가 사랑하는 사람을 먹여 살릴 수 있으니까요"(Francis Carr, *Mozart & Constanze*, 170쪽). 모차르트는 자유 음악가답게 자유 결혼 을 선택했고, 자신의 노력으로 아내를 책임지려 했다.

이 시기 모차르트의 작품 중 결혼의 일상 풍경이 담긴 곡이 있다. 결 혼 직후인 1782년 8월에 작곡한 〈바이올린 소나타 C장조^{K.403}〉의 악보 에 모차르트는 "나 W. A. 모차르트와 가장 사랑하는 아내를 위한 첫 소 나타"라고 써 넣었다. 콘스탄체가 피아노를 맡고 모차르트가 바이올린 을 연주한다. 오후 햇살이 그윽하게 스며든 실내에서 두 사람이 정답게 음악 대화를 주고받는 풍경이 떠오른다.

〈바이올린 소나타 C장조〉
https://youtu.be/Tg0sa-eUorQ

모차르트는 창작뿐 아니라 공부도 열심이었다. 바흐와 헨델의 악보를 연구해 푸가를 익혔고, 하이든의 현악 4중주곡을 분석해 창작의 거름으 로 삼았다. 젊은 신부 콘스탄체도 행복했다. 1783년 6월 17일, 첫 아기 라이문트 레오폴트가 태어났다. 신혼 초기에 임신한 결과였다. 콘스탄 체가 산통으로 비명을 지를 때 옆방에서 그 소리를 듣고 아이디어를 얻 었다는 곡이 있다. 하이든에게 바친 여섯 곡의 현악 4중주 곡 중 두 번째

곡 〈모차르트 현악 4중주 제15번 D단조^{K.421}〉이다. 바이올린, 비올라, 첼로가 절규하는 4분의 3박자 미뉴에트에서 고통스러운 출산의 비명을 듣고 함께 아파하는 모차르트의 애절한 마음이 느껴진다. 중간 부분에는 새로운 생명에 대한 기대도 담겨 있다.

〈모차르트 현악 4중주 제15번 D단조〉 중 3악장 미뉴에트
https://youtu.be/-ct7ots5QQ8 (모자이크 현악 4중주단)

모차르트와 콘스탄체에게는 중요한 일이 아직 남아 있었다. 성공의 순풍을 타고 잘츠부르크를 방문해 아버지와 누나에게 결혼을 승인받아야 했다. 가족이 다시 합쳐서 빈에서 살 수 있지 않을까 생각도 했다. 모차르트와 콘스탄체는 1783년 7월 말 잘츠부르크로 향했다. 첫아들 라이문트는 유모에게 맡겼다.

결혼 전 콘스탄체는 3주 동안 앓아누운 적이 있는데, 모차르트는 그녀가 낫는 즉시 결혼할 생각이며 그녀의 치유와 결혼을 기리는 미사곡을 쓰겠다고 약속한 바 있다.[5] 〈모차르트 대미사 C단조^{K.427}〉는 그가 잘츠부르크를 떠난 뒤 작곡한 최초의 종교 음악으로, 그때까지 작곡한 어느 미사곡보다 규모가 크고 울림이 깊은 곡이었다. 모차르트는 이 곡을 잘츠부르크로 가져와서 지휘했고, 아내 콘스탄체가 소프라노 파트를 맡아서 노래했다. 10월 26일, 〈모차르트 대미사 C단조〉가 초연됐다. 봉건

통치자 콜로레도 대주교가 버티고 있는 잘츠부르크 대성당이 아니라 변두리의 성 피터 성당이었다. 지긋지긋한 속박의 기억이 남아 있는 잘츠부르크에서 그는 이 대작으로 구시대의 종교 음악을 압도하고자 했다. 이 숭고한 음악은 싸늘하게 굳어 있는 아버지와 누나의 마음도 녹여줄 수 있지 않을까?

〈모차르트 대미사 C단조〉 중 '사람의 몸으로 나시고'
https://youtu.be/E2LGb9HWSUU (소프라노 바바라 보니)

콘스탄체가 부른 〈사람의 몸으로 나시고Et Incarnatus Est〉를 통해 두 사람의 결혼은 천상의 아우라를 갖게 된다. 오케스트라의 플루트, 오보에, 파곳은 소프라노와 어우러져 숭고한 생명의 잉태를 예찬한다. "그윽한 사랑의 노래, 삶의 찬가, 환희에 찬 목소리가 우주를 가로지르고, 그러면서 스스로 반하고 몰두하고 도취하고……. 이건 목소리가 아니야, 날개지. 인간의 숨결도 아니야, 구름 사이로 살랑거리는 바람이지. 한 여자의 목소리도 아니야, 어머니와 누이와 아내와 연인의 목소리지. 하긴, 이런 비유가 다 무슨 소용이야, 존재의 기적을 찬양하고 있는데" (에릭 엠마뉴엘 슈미트, 《모차르트와 함께 한 내 인생》, 94쪽).

그러나 레오폴트와 난넬은 끝까지 마음을 풀지 않았다. 노래하던 콘스탄체도, 지휘하던 모차르트도 첫아기 라이문트가 두 달 전인 8월 19일

이미 세상을 떠났다는 걸 모르고 있었다. 그해 말, 빈의 집으로 돌아온 두 사람은 힘없이 주저앉았다. 모차르트가 음악으로 콘스탄체를 찬양하고 두 사람의 사랑을 기리는 일은 〈모차르트 대미사 C단조〉 이후 일어나지 않았다.

누구보다 위대한 작곡가의 영감은 어디에서 오는가

모차르트 부부는 다시 몸과 마음을 추스르고 일상으로 돌아와야 했다. 모차르트는 1784년부터 약 3~4년 동안 작곡가로서 인생의 정점에 섰다. 해마다 3,000플로린이 넘는 돈을 벌었는데, 이는 에스터하지 궁정 악장 하이든 연봉의 세 배가 넘는 액수였다. 사치품 당구대를 샀고, 카드 게임을 즐겼고, 앵무새와 애완견을 키웠고, 하인을 고용해 여유를 누렸다. 저녁에는 빈의 프라터 공원을 부부가 함께 산책했고, 밤새 무도회에서 춤추며 놀았다. 1784년 9월 21일 태어난 둘째 카를 토마스는 건강히 자라주었다.

성공이 분명해지자 아버지와 화해할 가능성이 보이기 시작했다. 1785년 2월 아들을 찾아온 아버지는 이미 결혼해 존넨부르크 부인이 된 딸 난넬에게 썼다. "집세를 480플로린이나 내는 걸 보면 네 동생이 온갖 장식을 갖춘 멋진 집에서 산다는 걸 충분히 짐작할 수 있겠지." 레오폴트는 당대의 거장 하이든이 참여한 현악 4중주곡 파티에 참가했다. 2월 12일, 모차르트가 새로 쓴 현악 4중주곡 세 곡이 초연됐는데, 제1바이올린 하이든, 제2바이올린 디터스도르프, 첼로 반할, 그리고 모차르트가 비올라를 맡았다. 하이든의 〈러시아 현악 4중주 Op.33〉에 자극받은 모차르트가 3년 동안 공들여 만든 작품들이었다. 연주가 끝난 뒤 하이든은 모차르트가 최고임을 흔쾌히 인정하며 아버지 레오폴트에게 말했다.

신 앞에서, 그리고 정직한 인간으로서 말하는데, 당신의 아들은 지금까지 내가 직접 알거나 이름으로 아는 그 누구보다도 위대한 작곡가입니다. 그는 감각이 뛰어나고, 작곡에 대한 깊은 지식에 통달해 있습니다.

이 찬사에 아버지와 아들은 똑같이 뿌듯했을 것이다. 레오폴트는 하이든, 모차르트와 함께 프리메이슨에 가입해 '형제애'를 나누는 동지가 됐다. 모차르트는 〈피아노 협주곡 21번 C장조 K.467〉의 아름다운 안단테에 아버지 레오폴트가 작곡한 피아노 소나타의 모티프를 삽입해 존경을 표했다.

레오폴트는 콘스탄체의 어머니 체칠리아의 저녁 초대를 받아들였는데, 그녀의 요리 솜씨에 만족했다고 전해진다. 모차르트는 사위로서 싹싹하고 유쾌하게 장모를 대했다. 체칠리아를 찾아갈 때마다 선물을 한 꾸러미 들고 갔는데, 그때마다 그녀는 무척 기뻐했다고 한다. 그러나 레오폴트와 콘스탄체의 관계는 여전히 서먹했다. 레오폴트는 난넬의 아이 레오폴트(할아버지와 이름이 같았다)를 기꺼이 돌봐주고 음악을 가르쳐주려 했지만 모차르트의 아이들에게는 별 관심을 보이지 않았다. 1786년

11월, 모차르트는 런던 여행 계획을 세우고 콘스탄체와 함께 가기 위해 두 아이(갓 태어난 요한 토마스 레오폴트 포함)를 맡아달라고 부탁했다. 그러나 레오폴트는 이를 뻔뻔한 요구로 간주, 한마디로 거절해버렸다. 아들의 편의를 봐줄 생각은 있었지만, 괘씸한 며느리를 위해 희생할 생각은 전혀 없었던 것이다.

모차르트 부부의 런던 여행 계획은 무산됐고, 셋째 요한 토마스도 한 달 만에 세상을 떠났다. 결혼한 지 5년째, 콘스탄체는 겉으로는 행복했지만 시아버지와 시누이에게 다가서려는 헛된 노력 때문에 점점 지쳐가고 있었다. 모차르트도 마찬가지였다. 아버지와 누나를 포함한 가족의 화합은 끝내 이뤄지지 않았다. 1787년 5월 레오폴트가 세상을 떠났고, 이듬해 난넬과의 교신도 완전히 끊어지고 말았다. 아버지가 위독하다는 소식을 듣고 쓴 편지는 삶과 죽음에 대한 모차르트의 성찰을 담고 있다.

죽음이란 것은 우리 삶의 마지막 목적지이고, 저 역시 최근 몇 년 동안 가장 좋은, 참된 벗인 죽음과 이미 친숙해졌기 때문에 죽는다는 생각이 두렵기는커녕 반대로 위안과 안도감을 느낍니다. 저는 아직 젊지만 잘 때마다 '오늘 밤에 잠들면 다시 일어나지 못할지도 모른다'고 생각하지 않는 날이 없습니다. 하지만 이 생각 때문에 제가 침울해 보인다거나 슬퍼 보인다고 얘기하는 사람은 아무도 없지요. 아버지에게, 1787. 4. 4

이 무렵에 쓴 〈모차르트 현악 5중주 G단조^{K.516}〉는 삶에 지친 영혼의 탄식을 들려준다. 비올라의 우울하고 수수한 음색 때문에 '비올라 5중주'라고도 불리는 이 곡의 1악장은 슬프고 피곤한 인간의 독백이다. "삶은 언제나 슬펐어. 삶에서 다른 무엇을 기대할 수 있겠어?" 그러나 음악은 의연한 삶의 긍정으로 이어진다. "삶은 얼마나 아름다웠던지! 가장 고통스러운 순간에도 나는 언제나 삶을 사랑했어."

〈모차르트 현악 5중주 G단조〉
https://youtu.be/pGe4o2jk2-E

피터 게이는 이 곡을 쓸 당시의 모차르트를 멋지게 묘사했다. "이 시절 모차르트 인생의 기본 색조가 비올라의 음색을 닮았다는 점은 분명하다(피터 게이, 《모차르트》, 176쪽). 위대한 비극 작품인 이 5중주곡은 콘스탄체와 별 관계가 없어 보인다. 모차르트의 고독한 내면에서 솟아오른 음악일 뿐이다. 콘스탄체가 모차르트 음악에 영감을 주던 시절은 이미 지나갔을까? 하지만 모차르트의 삶을 있는 그대로 인정하고 받아주는 것, 그보다 더 큰 영감이 따로 있었을까 싶기도 하다. 남편이 자유롭게 창작에 몰입하도록 콘스탄체가 보살펴준 결과로 일상에서 영감을 얻었고, 그것이 모차르트에게 지속적인 활력소가 됐을 것이다.

모차르트의 여인들과 콘스탄체

모차르트는 성공의 정점인 1784년부터 1787까지 콘스탄체가 어떤 마음으로 지냈는지 알려주는 기록은 없다. 1차 자료는 편지인데, 두 사람이 함께 지낸 기간에는 편지가 하나도 없다. 아버지와 누나에게 가정의 일상을 알리는 얘기도 쓰지 않았다. 모차르트는 작곡에 전념했고, 〈피아노 협주곡 14번K.449〉부터 작품 번호를 매기기 시작했는데, 이는 음악사상 저작권 개념이 처음 발생했다는 뜻이다. 콘스탄체는 아이를 키우고 남편의 건강을 돌보고 연주 여행에 동행해 뒷바라지해주었다. 부부는 빈과 프라하를 오가며 모차르트의 최고 걸작인 〈피가로의 결혼K.492〉과 〈돈 조반니K.527〉를 공연했다. 1787년 10월 프라하에서 〈돈 조반니〉를 초연할 때의 일화로 미뤄볼 때 두 사람은 좋은 관계를 유지한 게 분명하다. 초연 전날까지 서곡이 완성되지 않았기 때문에 모차르트는 밤새 악보를 써야 했는데, 이때 콘스탄체는 남편의 곁을 지키며 졸음을 쫓아주었다.

모차르트가 몇 차례 다른 여성과 염문을 뿌렸기 때문에 콘스탄체가 힘들어한 건 분명해 보인다. 피아노 교습을 받은 제자나 오페라에 출연한 성악가를 둘러싸고 의혹이 불거져 나오곤 했다. 빈 초기에 피아노를 가르친 아우에른하머Josepha Auernhammer, 1758~1820가 연정을 품었을 때, 모차르트는 선을 넘지 않도록 조심한 것 같다. 오페라 〈피가로의 결혼〉에서 수잔나 역을 맡은 이탈리아계 영국인 소프라노 낸시 스토라체Nancy Storace, 1765~1817도 모차르트에게 다정한 마음을 보냈다. 수잔나의 4막 아리아를 부를 때 낸시가 음악에 감동해 모차르트를 사랑하게 된 건 그리 이상한 일이 아니다. 1787년 2월 그녀가 영국으로 돌아갈 때 모차르트는 아름다운 론도 〈내 마음에서 그대를 지우라고요?Ch'io mi scordi te?, K.505〉를 작곡해주었는데, 아픈 마음을 간직한 채 떠나야 하는 그녀의 마음을 노래한 곡이었다. 그녀는 1786년 말 모차르트를 영국으로 초대한 장본인이다.

모차르트가 한때 사랑한 알로이지아 베버는 〈돈 조반니〉에서 돈나 안나 역을 맡았다. "잔인하다고 말하지 마세요Non mi dir"로 시작하는 2막 아리아는 모차르트에게 미안함을 느끼는 알로이지아의 마음과 겹쳐진다. 모차르트가 작곡한 멋진 아리아를 부를 때, 소프라노들은 자기가 아름다운 연서를 받았다고 착각할 소지가 없지 않았다. 그는 출연자에게 꼭 맞는 곡을 써서 줬을 뿐이지만 여자의 마음을 소란스럽게 했다는 혐의를 감수해야 했다. 남편과 여자 성악가 사이의 미묘한 감정의 결을 콘스탄체가 느끼지 못했을 리 없다. 소설 《모차르트의 연인, 콘스탄체》에는 "모차르트는 여전히 알로이지아를 사랑하고 있는 게 분명하다"라는 콘스탄체의 대사가 나온다.

모차르트가 외도를 했다는 증거는 없다. 설혹 그런 일이 있었다 해도 결혼 생활을 위협할 정도로 극한까지 치닫지는 않았다. 아무리 사랑이 지고의 가치라 하더라도, 새로운 사랑이 나타났다는 이유로 아내에게 무례하게 행동해선 안 된다는 걸 모차르트는 잘 알고 있었다.

위대한 마지막 세 교향곡, 〈교향곡 제39번 Eb장조K.543〉 〈교향곡 제40

오페라 〈피가로의 결혼〉의 한 장면으로, 2015년 독일 드레스덴에서 있었던 공연이다.

번 G단조K.550〉〈교향곡 제41번 C장조 '주피터'K.551〉를 작곡한 1788년, 부부 사이가 어떠했는지 우리는 알 길이 없다. 비극적 서정미로 가득한 〈교향곡 제40번 G장조〉를 작곡하던 그해 6월, 넷째 아이 테레지아가 세상을 떠났다. 1789년 11월엔 다섯째 아이 안나 마리아가 태어나자마자 죽었다. 그때까지 다섯 명의 아기를 낳았는데, 둘째 카를 토마스만 빼고 모두 어려서 죽은 것이다. 당시는 영아 사망률이 지금보다 훨씬 높았지만, 아이를 먼저 보내는 부모의 마음이 아픈 건 지금이나 그때나 마찬가지 아니겠는가. 모차르트 부부는 견디기 힘든 슬픔을 함께 나누었을 것이다.

위기의 천재

이 무렵, 대중은 모차르트 음악이 어렵다고 느끼기 시작했다. 1788년 터키와의 전쟁이 시작됐고 1789년 프랑스에서 혁명이 일어났다. 인플레이션이 심해지자 계몽 군주 요제프 2세는 긴축 정책을 폈고 모차르트의 수입은 3분의 1로 줄었다. 돈을 벌기 위해 헨델의 오라토리오 〈메시아 HWV.56〉 〈알렉산더의 향연Alexander's Feast, HWV.75〉을 편곡했다. 이 무렵 기획한 아카데미 음악회를 예약한 손님은 반 슈비텐Gottfried van Swieten, 1733~1803 남작 단 한 명뿐이었다. 모차르트는 프리메이슨 친구인 푸흐베르크와 호프데멜에게 돈을 꿔달라고 편지를 쓰기 시작했다.

1789년은 모차르트가 교향곡이나 협주곡을 쓰지 않은 침체의 해로 기록된다. 그는 불안한 빈 생활을 청산하고 안정된 일자리를 구하려고 독일을 두 차례 여행했다. 콘스탄체는 다섯째 아이가 죽을 무렵 정맥염에 감염돼 바덴 온천지에서 요양해야 했다. 두 사람은 떨어져 지내는 날이 많아졌다. 그 덕분에 편지가 오갔고, 두 사람의 당시 모습을 짐작할 수 있어서 다행이다. 모차르트는 콘스탄체에게 애정 어린 마음으로 소식을 전했다. 매일 저녁 그녀의 초상을 서른 번 본다고 썼고, 그녀의 아름답고 자그마한 엉덩이를 갈망한다고 했고, 자신은 언제나 충실한 남편이라고 강조했다. 첫 여행은 1789년 4월부터 6월까지 프로이센 프리드리히 빌헬름 2세의 초대에 응하여 떠났다. 이 여행 중 모차르트는 콘스탄체가 보고 싶다며 성적인 욕구를 내비치기도 한다.

28일 목요일엔 드레스덴으로 가서 밤을 보내고, 6월 1일에는 프라하에서 자고, 4일에는? 가장 귀엽고 사랑스러운 내 아내와 잘 거야. 당신의 아름다운 둥지를 준비해놔. 내 귀여운 꼬마는 진정 그걸 받을 자격이 있으니까. 이 녀석은 아주 얌전하게 굴었고, 오로지 당신의 가장 아름다운 (……) [콘스탄체가 훗날 지운 것으로 판단됨][6] 을 소유하기만 바라고 있어. 베를린에서, 1789. 5. 23

이때 베를린에서 〈후궁에서 구출하기〉가 공연되고 있었는데, 블론드 역을 맡은 소프라노 헨리에타 바레니우스와 모차르트가 관계를 가졌다는 구설수가 있었다(Francis Carr, *Mozart & Constanze*, 97쪽). 프로이센 왕 프리드리히 빌헬름 2세의 정부였던 이 소프라노는 자기 방에서 개인 레슨을 해주지 않으면 무대에 오르지 않겠다고 떼를 썼고, 모차르트는 고민 끝에 이 요구에 응했다는 것. 그렇다면 앞에 인용한 모차르트의 편지에는 거짓말이 포함돼 있다는 결론인데, 어떻게 해석해야 할까? 콘스탄체를 얼른 만나서 함께 자고 싶다는 말은 적어도 거짓이 아닐 것이다. 다음 구절에는 콘스탄체의 욕정을 부채질하려는 듯, 코믹한 묘사까지 등장한다.

내가 이 글을 쓰는 동안 그 녀석이 몰래 탁자 위로 올라와 묻는 표정으로 나를 보고 있어. 하지만 한가하지 않기 때문에 녀석의 코를 쥐어박았지. 그랬더니 그 녀석은 훨씬 더 사납게 타올라서 거의 통제가 불가능할 정도야.[7] 베를린에서, 같은 날

1789년 요제프 랑게가 그린 피아노 앞의 모차르트(위).
1790년 프랑크푸르트 여행 당시의 모차르트(아래).

콘스탄체는 몸이 쇠약해져서 바덴으로 요양을 가야만 했다. 같은 해 8월 바덴의 콘스탄체에게 보낸 편지에는 뭔가 초조한 느낌이 묻어난다. 모차르트는 "마음의 평화를 위해 굳이 얘기한다"라며 이렇게 쓴다. "나는 물론 당신이 바덴에서 즐기며 지낸다면 기쁠 거야. 하지만 너무 가볍게 행동하진 말아주기 바라. 너무 자유롭고 손쉬운 여자로 보인다면 좋겠어?" 이어서 모차르트는 "불필요한 질투 때문에 서로 괴롭히지 않기 바란다"라고 덧붙였다. 두 사람이 사이가 나빠져서 요양을 핑계로 별거에 들어간 거 아니냐는 추측이 나왔다. 콘스탄체가 바덴에 갈 때 모차르트의 제자 프란츠 크사버 쥐스마이어Franz Xaver Süssmayr, 1766~1803와 동행했기 때문에 둘 사이를 의심하는 눈길도 생겨났다. 노베르트 엘리아스는 "모차르트의 생애 말기, 그의 음악에 대한 대중의 호응이 줄어들고 살림살이가 힘들어지면서 남편에 대한 콘스탄체의 애정도 약해졌다"라고 썼다(노베르트 엘리아스, 《모차르트》, 12쪽).

1789년 12월 초연된 오페라 〈코지 판 투테Così fan tutte, K.588〉는 남자 주인공인 굴리엘모와 페르란도가 약혼자인 피오르딜리지와 도라벨라의 정조를 시험하는 내용이다. 두 남자는 전쟁터에 간다고 속인 뒤 알바니아의 부자로 변장하고 나타나 각각 상대방의 약혼자에게 구애한다. 두 여자는 처음에는 완강히 거부하지만 두 남자가 죽는 시늉을 하고 달콤한 노래로 유혹하자 결국 마음이 흔들린다. '연인들의 학교'라는 부제가 붙은 이 코미디는, 파트너를 바꿔서 외도를 하는 모차르트와 콘스탄체의 모습으로 해석되기도 했다. 콘스탄체는 이 오페라를 아주 싫어했다고 한다(Francis Carr, *Mozart & Constanze*, 94쪽).

1791년, 모차르트의 마지막 해가 왔다. 천상의 아름다움을 노래하는 〈피아노 협주곡 제27번K.595〉과 예쁘고 천진한 동요 〈봄을 기다림Sehnsucht nach dem Fruhlinge, K.596〉이 그해의 첫 작품이었다. 경제 상황은 호전될 기미가 보이지 않았다. 그를 아끼던 계몽 군주 요제프 2세는 전쟁터에서 1년 전 죽었다. 모차르트는 새 황제 레오폴트 2세의 대관식을 위해 프랑크푸르트를 다녀온 참이었다. 콘스탄체는 아들 카를 토마스를 데리고 바덴에 머물고 있었다. 돈을 벌어야 했던 모차르트는 빈 슈테판 성당의 부악장 자리에 지원했지만 낙방했다. 6월, 그는 바덴을 찾아가 만삭의 콘스탄체와 카를 토마스를 만났고, 그곳 교회 합창 지휘자인 슈톨을 위해 〈아베 베룸 코르푸스Ave Verum Corpus, K.618〉를 작곡했다. 7월, 빈에 돌아와서 모차르트가 쓴 편지는 콘스탄체에 대한 절절한 갈망을 담고 있다.

> 나는 지금 그리움에 눈물을 글썽이며 이 편지를 쓰고 있어. 이런 느낌을 어떻게 표현할까? 날카롭게 에이는 공허함 같기도 하고, 절대로 채워지지 않기 때문에 결코 식지 않는 열망 같기도 하고……. 때때로 당신과 몇 마디 말이라도 주고받는 것조차 지금은 불가능하니까. 피아노를 치면서 노래라도 불러보지만 감정이 벅차올라서 이내 그치고 말지. 바덴의 콘스탄체에게, 1791. 7. 7

무슨 일이 있었을까? 모차르트가 "눈물을 글썽이며" "날카롭게 에이는 공허함"을 말한 이유는 뭘까? 막내 프란츠 크사버는 7월 26일 태어났는데, 그렇다면 1790년 9~10월 사이에 임신했다는 뜻이다. 하지만 그때 모차르트는 베를린에 있었다. 역사가 프랜시스 카는 수사관처럼 여러 정황을 제시하며 이 아이가 모차르트가 아니라 제자 쥐스마이어의 아들이라고 주장했다. 그러나 인용한 편지가 아내에게 배신당한 아픔을 호소했다고 단정할 근거는 없다. 오히려, 콘스탄체를 향한 그리움의 절정을 있는 그대로 표현했다고 보는 편이 적절하지 않을까? 보고 싶고 만지고 싶지만 볼 수 없고 만질 수 없는 상황을 어쩔 줄 몰라 하는 안타까움이 아닐까? 모차르트는 음악으로 인간의 감정을 섬세하게 노래했을 뿐 아니라 실제 감정의 선이 그토록 예민한 사람이었고, 이 편지는 그런 느낌의 산물이었다고 보는 게 타당할 것이다.

모차르트는 쥐스마이어를 '바보'라 부르며 여전히 유쾌하게 대했고, 레오폴트 2세의 대관식을 위해 공연할 〈황제 티토의 자비La clemenza di Tito K.621〉 중 레치타티보(오페라에서 극을 전개하는 대사 부분으로, 간단한 반주에 맞춰 약간의 억양을 붙여 노래하듯 말하는 대목)의 작곡을 맡겼다. 8월 말에는 콘스탄체와 쥐스마이어를 대동해 프라하를 방문했다. 만에 하나 파경의 위기가 있었다 해도 콘스탄체와의 사랑과 결혼을 유지하려는 모차르트의 의지는 변함이 없었다. 노베르트 엘리아스는 "모차르트가 평생 사랑에 굶주린 사람이었고, 콘스탄체에게 버림받을까 봐 두려워했을 것"이라고 했다. "그는 고독했고 절망적이었으며 죽음을 예감하고 있었다"(노베르트 엘리아스, 《모차르트》, 13~14쪽).

모차르트는 6월에 의뢰받은 〈레퀴엠〉을 제쳐두고 초연이 임박한 〈마술피리〉 작곡에 몰두했다. 이 오페라는 모차르트가 경제적 곤궁을 벗어나는 계기가 됐을 뿐 아니라, 대중의 인기를 일거에 회복할 수 있게 해주었다. 이 곡은 자유, 평등, 우애의 프리메이슨 이념과 '음악의 힘으로 죽음의 어둠을 이겨나가리'라는 음악적 메시지를 담고 있는 걸작이었다. 9월 30일 〈마술피리〉가 초연될 때 콘스탄체는 현장에 없었다. 모차르트는 이 작품의 대성공을 바덴에 있는 그녀에게 열심히 알렸다. 콘스탄체는 10월 말 빈에 돌아와 모차르트를 다시 만난다. 이 재회의 순간이 어떤 분위기였는지, 둘 사이에 어떤 얘기가 오갔는지 우리는 알지 못한다.

음악의 힘으로 죽음의 어둠을 이겨나가리

모차르트는 1791년 11월 18일 프리메이슨의 새 본부 개소식에 참가하고 돌아온 뒤 앓아누웠고, 보름 뒤 숨을 거두었다.[8] 죽음의 병상에서 우울한 분위기를 누그러뜨리려고 친구 한 명이 〈마술피리〉 중 파파게노의 〈나는 새잡이Der Vogelfänger bin ich ja〉를 부르자 모차르트는 벽을 향해 돌아누우며 중얼거렸다. "그래, 나는 새잡이야……." 콘스탄체도 〈마술피리〉를 보았을 것이다. 〈나는 새잡이〉에서 그녀는 남편의 모습을 발견했을까? 파미나와 파파게노의 이중창을 들으며 수많은 자식을 낳고 행복해하는 자신들의 모습을 떠올렸을까? 콘스탄체는 '나의 파파게노'가 서

〈레퀴엠〉 중 죽음의 멜로디 '디에스 이레
Dies Irae'(진노의 날) 부분. 모차르트가 직
접 그린 악보의 복사본이다.

른다섯 살 한창 나이에 세상을 떠나리라고는 상상하지 못했을 것이다.

위대한 천재와의 결혼 생활은 콘스탄체에게 결코 쉬운 일이 아니었
다. 외로운 순간이 자주 찾아왔지만 그녀는 능력 닿는 한 남편을 보살피
고 지원했다. 모차르트는 사랑과 자유의 음악 혼에 언제나 취해 있었다.
그는 결혼 생활이 질곡이라고 느낀 적이 없지 않았겠지만 아내를 변함
없이 사랑했고 늘 친절하고 예의 바르게 대했다. 사랑 없이 살 수 없었
던 모차르트, 그의 영혼은 음악으로 우리에게 남아 있다. 모차르트 음악
의 바탕에 흐르는 따뜻한 평화는 콘스탄체가 그에게 보낸 손길의 온기
와 무관하지 않을 것이다.

29세 젊은 콘스탄체에게 남편의 갑작스러운 죽음은 청천벽력이었
다. 하지만 그녀는 다시 정신을 가다듬었다. '남편' 모차르트는 죽었지
만, '불멸의 음악가' 모차르트의 유산은 남아 있었다. 그녀는 프라하, 라
이프치히, 코펜하겐을 돌며 모차르트의 오페라를 공연하며 직접 출연했

1840년의 콘스탄체. 그녀의 나이 78세 때의 모습이다. 29세에 남
편을 잃은 콘스탄체는 모차르트의 오페라를 공연하며 직접 출연했
고, 남편의 악보를 출판해 유럽 음악 팬들에게 널리 알렸다.

고, 남편의 악보를 출판해 유럽 음악 팬들에게 널리 알렸다. 모차르트의
걸작들을 후대에 전해준 첫 공로는 그녀에게 돌려야 한다. 이 활동으로
그녀가 돈을 벌었다고 비난하는 건 졸렬한 짓이다.

　그녀는 덴마크 외교관 게오르크 니센과 1809년 재혼했다. 새 남편 니
센은 다양한 자료를 수집해 아내의 전남편 모차르트의 전기를 썼다. 이
전기를 준비하기 위해 콘스탄체와 니센은 1820년 잘츠부르크로 이사했
고, 37년 만에 난넬을 만났다. 난넬은 69세, 콘스탄체는 58세였다. 아픔
은 지나갔고 두 사람은 담담하고 예의 바르게 대화를 나눴다. 콘스탄체
와 난넬은 모차르트의 전기를 위해 협력하면서 비로소 화해한 셈이다.
난넬은 모차르트가 생전에 보낸 400통가량의 편지와 소중한 악보를 모
두 콘스탄체에게 넘겨주었다.

　니센의 사후 1829년 출판된 이 전기는 콘스탄체 중심으로 기울어졌

오스트리아 잘츠부르크
에 있는 모차르트 기념관
내부.

기 때문에 신빙성이 낮다고 평가되지만, 모차르트에 대한 콘스탄체의
시각을 엿볼 수 있어서 흥미롭다. 메이너드 솔로몬^{Maynard Solomon}은 이 전
기가 모차르트의 관대한 성품, 경제적 곤궁, 동시대인의 몰이해를 너무
과장했다고 지적했다. 니센은 콘스탄체의 증언을 전한다. "모차르트는
진실되게 사랑하는 남편이었다. 서너 번 연애 사건^{flirtation}이 있었지만 선
량한 아내는 '기꺼이' 눈감아주었다."

여기서 '기꺼이'란 말은 과장된 표현일 것이다. 모차르트는 아내의 희
생을 딛고 음악적 업적을 쌓으려 한 왜소한 인간이 아니었다. 그는 어떤
상황에서든 콘스탄체와 고귀한 사랑을 완성하기 위해 노력한 남편이었
다. 〈마술피리〉의 여러 대목 중 모차르트는 부부의 사랑을 예찬한 파미
나와 파파게노의 이중창을 콘스탄체에게 들려주고 싶어 하지 않았을까.

사랑을 느끼는 남자는 마음이 선량하죠. 달콤한 충동을 함께 느끼는 것은 아내의 첫 번째 의무. 사랑은 모든 고통을 어루만지죠. 사랑은 우리 본성에 작용해 생기를 주죠. 사랑의 목표는 부부의 고귀함. 남편과 아내, 아내와 남편은 하늘에 이르네. 오페라 〈마술피리〉 중 〈사랑을 느끼는 남자는〉

후주

1 케루비노는 오페라 〈피가로의 결혼〉에 나오는 사춘기 소년으로, 백작 부인을 연모하고 수잔나에게 마음을 털어놓는다. 사랑에 들뜬 마음을 노래한 1막 아리아와 사랑의 의미를 묻는 2막 아리아가 매혹적이다.

2 희대의 바람둥이 돈 조반니는 오페라 1막 피날레에서 파티를 벌이는데, 손님들이 도착하자 "자유 만만세Viva la liberta"를 선창한다. 자기의 방종을 예찬하면서 손님들에게 맘껏 즐기라고 권하는 말이지만, 다 함께 '자유 만만세'를 외칠 때 혁명의 구호로 바뀌어버린다. 프라하에서 〈돈 조반니〉가 초연된 1787년은 프랑스 대혁명이 일어나기 불과 2년 전이었다.

3 마지막 오페라 〈마술피리〉에서 새잡이 파파게노는 사랑과 음식만 있으면 살 수 있는 '자연의 아들'이다. 1956년 모차르트 탄생 200주년에 대지휘자 브루노 발터는 논문 〈마술피리의 모차르트〉를 발표했다. 그는 주인공 타미노 왕자와 파파게노를 합친 존재가 바로 모차르트라고 설명했다.

4 이 오페라는 원래 〈후궁으로부터의 유괴〉라는 그릇된 번역으로 알려졌고, 간단히 줄여서 〈후궁 탈출〉로 불리기도 했다. 독일어 단어 'entführung'은 '떼어낸다'는 뉘앙스의 접두사 'ent'와 '데리고 간다'는 뜻의 'führung'이 합쳐진 단어다. 따라서 'entführung'

은 데리고 나오기, 즉 '구출하기'라고 번역해야 정확하다. 오페라 제목 〈Entführung aus dem Serail〉을 〈후궁에서 구출하기〉, 또는 〈할렘에서 구출하기〉로 통일하자고 제안한다.

5 콘스탄체가 결혼 전에 모차르트의 아기를 가졌다가 유산했다는 확인되지 않는 소문이 있다. 필립 솔레르스, 《모차르트 평전》, 173쪽 참조.

6 콘스탄체는 모차르트와 주고받은 편지들 중 불편한 것들을 파기했고, 일부 단어를 삭제했다.

7 피터 게이, 《모차르트》(푸른숲, 2006), 112쪽. 모차르트의 편지는 여러 영문 자료를 참고했기 때문에 일일이 출처를 밝히기 어렵다. 한글 번역은 오역이 많아서 읽을 수 없을 지경이지만, 그중 이 책의 번역이 가장 깔끔해서 때때로 참조했다.

8 그해 12월 5일 모차르트가 죽은 뒤, 너무 끔찍하고 추악해서 떠올리고 싶지 않은 사건이 일어났다. 프리메이슨 친구 프란츠 호프데멜이 임신 5개월인 아내 막달레나 호프데멜의 얼굴과 목을 칼로 그어서 중상을 입힌 뒤 스스로 목숨을 끊은 것이다. 프란츠는 모차르트의 프리메이슨 동료이자 법원 행정관이었고, 미모의 아내 막달레나는 1790년부터 모차르트에게 피아노를 배우고 있었다. 프랜시스 카는 이 사건이 모차르트의 죽음과 관계가 있다고 추론했다. "모차르트는 사랑하는 여자가 아니면 피아노 레슨을 해주지 않았다"라는 콘스탄체의 말을 들이대며 막달레나가 모차르트의 아기를 가졌으리라고 주장했다. 질투에 사로잡힌 프란츠가 11월 18일 프리메이슨 행사에서 모차르트에게 독을 먹였고, 실제로 모차르트가 죽자 절망과 죄책감에 사로잡힌 나머지 막달레나에게 칼을 휘두른 뒤 자살했다는 것이다.

대부분의 전기 작가들은 이 섬찟한 스토리를 외면한다. 지휘자 제인 글로버는 《모차르트의 여인들Mozart's Women》에서 이 사건을 간략히 언급했을 뿐 독살설과 연결 짓지 않았다. 피터 게이는 모차르트의 사인이 류머티즘열이라는 일반적인 견해를 강조하며 독살설을 일축했다. 살리에리가 모차르트를 독살했다는 얘기는 사실이 아님이 확인됐다. 하지만 호프데멜 독살설은 아직도 모차르트에 대한 문헌들 한구석에 남아 있다. 매트 리스의 소설 《모차르트의 마지막 오페라Mozart's Last Aria》는 황제의 비밀경찰이 프란츠 호프데멜을 사주해 위험인물인 모차르트를 독살했다고 묘사했다. 이러한 해석은 증명도 반박도 할 수 없는 상상일 뿐이다. 모차르트의 사인은 영구 미제로 남았다.